KLEINE AUSZEITEN
AN DER

-OSTSEEKÜSTE-

KLEINE AUSZEITEN AN DER

OSTSEEKÜSTE

TORSTEN BERNING

WOCHENEND & WOHNMOBIL

CAMPING- & STELLPLÄTZE · HIGHLIGHTS · AKTIVITÄTEN

BRUCKMANN

INHALT

EINLEITUNG ... 6
Das Land von Wind und Wellen
Maritime Freizeitparadiese an der Ostseeküste

1 Flensburger Förde ... 20
Der Grenzgänger nach Dänemark

2 Kappeln an der Schlei ... 32
Auf den Spuren der alten Wikinger

3 Kieler Bucht ... 40
Willkommen in Brasilien!

4 Mittendrin im Meer – Fehmarn ... 48
Jeder Tag ein Gewinn

5 Travemünde ... 56
Vielfalt in der Lübecker Bucht

6 Wismar mit Insel Poel ... 64
Alte Hansestadt im neuen Glanz

7 Von Graal-Müritz bis Ahrenshoop ... 76
Zwischen Ostsee und Saaler Bodden

8 Fischland-Darß-Zingst ... 88
Weitläufige Natur und Badefreuden

9 Barth und Barhöft ... 98
Vinetastadt und Bodden-Landschaft

Wohnmobilstellplatz Walkyrien in Bliesdorf

10 Hansestadt Stralsund 106

Immer eine Reise wert

11 Der Norden von Rügen 114

Deutschlands größte Insel kann alles

12 Der Süden von Rügen 124

Noch mehr von Deutschlands größter Insel

13 Usedom 136

Beeindruckende Natur und mondäne Badeorte

14 Holsteinische Schweiz 158

Wenn Sie noch Zeit haben ...

Orts- und Sachregister 166

Impressum 168

DAS LAND VON WIND UND WELLEN

Maritime Freizeitparadiese an der Ostseeküste

Die Hafenmole mit Leuchtturm in Warnemünde

Wind im Gesicht, eine Brise Salz in der Luft – das ist Urlaub an der Ostsee. Auch für uns Wohnmobiltouristen erweiterte sich die Anzahl der Reiseziele mit der Wiedervereinigung der beiden deutschen Staaten. In den letzten 30 Jahren hat sich die Ostseeküste auf der Beliebtheitsskala zu einem der absoluten Traumziele für Inlandsurlaube entwickelt.

Die beiden Bundesländer Schleswig-Holstein und Mecklenburg-Vorpommern haben ihre Kräfte gebündelt und bieten ihren Gästen länderübergreifend ein wahres Eldorado an Natur- und Freizeiterlebnissen. Ein freundliches »Moin, Moin« kommt hier überall gut an und öffnet so manche Türen. Da alle Besonderheiten schwer über einen Kamm zu scheren sind, stellen wir im Folgenden zunächst Schleswig-Holstein und im Anschluss Mecklenburg-Vorpommern vor. Die Ausprägung beider Bundesländer in unseren Köpfen könnte wohl kaum unterschiedlicher sein. Gehörte doch der eine Teil mehr als 40 Jahre nicht so wirklich in unser Urlaubs-Portfolio, während aus westdeutscher Perspektive der kleinere Teil mit Kieler Woche, Lübecker Marzipan, den Stränden von Damp oder der Ferieninsel Fehmarn schon immer eine feste Größe in unserer Planung war. 1990 erweiterte sich unser Horizont dann um so klangvolle Namen wie Wismar und Stralsund. Die Inseln Rügen und Usedom waren zum Greifen nahe und wollten erobert werden! Selbst am Anfang des neuen Jahrtausends war der Wohnmobiltourismus noch etwas ganz Besonderes, manchmal auch etwas Vergessenes.

DIE OSTSEEKÜSTE SCHLESWIG-HOLSTEINS

Fischerorte, Hafenstädte, Strand, Baden, Segeln, Surfen, Feinschmecker, Urlaub, Wellness, Festivals, Seebäder – so in etwa könnte die Aufzählung der Wörter lauten, die Sie in die Suchmaschine Ihres Computers eingeben, um etwas über das Land mit seiner fast 600 Kilometer langen Ostseeküste zu erfahren. Hier trifft man ständig auf Gegensätze, die sich anziehen – belebte Badestrände und menschenleere Küstenabschnitte, prall gefüllte Seebäder und kleine Fischerdörfer, Fünf-Sterne-Camping und einsamer Stellplatz am Bauernhof. Kaum eine Küste zeigt sich so vielfältig wie diese. In der Gunst der Urlauber spiegelt sich das klar wider, denn Schleswig-Holstein spielt in der Bundesliga deutscher Urlaubsregionen ganz vorne mit. Vom gemütlichen Bummel in maritimer Atmosphäre über die Party auf der Kieler Woche bis zu Kunst und Kultur im Museum oder dem Wildpark für Kinder findet hier jeder Gast tolle Bedingungen für einen gelungenen Urlaub.

Familien mit Kindern lieben den sanft ins Wasser übergehenden Strand, an dem nicht Ebbe und Flut das Badevergnügen bestimmen, sondern die Urlauber selbst. Dabei beschränkt sich das Bade- und Wellnessvergnügen längst nicht mehr nur auf die Ostseefluten: Viele Campingplätze in der Region machen den Urlaubern inzwischen Angebote, die über den Standard weit hinausgehen und für Anregung und Entspannung zugleich sorgen. Die Anhänger von Trendsportarten wie Kiten oder Stand-up-Paddling fühlen sich hier wohl. Aber auch erholsame Spaziergänge entlang der Steilküsten mit grandiosen Blicken über die Ostsee sind »voll in«. Wanderer und Radfahrer schätzen ausgedehnte Touren durch das sanft hügelige Hinterland und auf unzähligen Feld- und Waldwegen entlang der Küste. Für den Naturschutz wurden viele Strand- und Seeufer unter besondere Beobachtung gestellt. Dadurch hat sich die Tier- und Pflanzenwelt erholt, an der wir uns nun vermehrt erfreuen können.

»... man hat Ruhe und frische Luft, und diese beiden Dinge wirken Wunder und erfüllen Nerven, Blut und Lungen mit einer stillen Wonne.« Der Schriftsteller Theodor Fontane empfahl mit diesen Worten bereits 1863 seiner Familie eine Reise an die Ostsee. In einem kleinen und feinen Museum in Travemünde kann man in die frühe Zeit des Bäderbetriebes mit dem zarten Beginn des Tourismus eintauchen. Hier kamen bereits 1802 die ersten Badegäste. Zug um Zug entwickelten sich die Traditionsbäder an der Lübecker Bucht zum Magneten für Erholungssuchende. Der Fremdenverkehr entwickelte sich für die Einheimischen schnell zu einer wichtigen Einnahmequelle. Die Badeorte liegen hier in kurzen Abständen aneinandergereiht. Weiter Richtung Norden, zur Flensburger Förde hin, ändert sich diese Bild wieder. So findet man in Angeln weitläufige Strände mit einsamen Buchten und Wäldern, dahinter kleine Dörfer mit fruchtbaren Bauernlandschaften und den dazugehörigen Mühlen. Hier biegt die Schlei ein und schlängelt sich durch eine liebliche Landschaft, die in unzähligen Bildern von den Malern festgehalten wurde. Kühe stehen bis ans Wasser

◀ Blau ist die Farbe des Sommers ▲ Wolkenspiel im Boddenhafen
▼ Fahrradrevier Ostsee

im sattem Grün der Wiesen und die Fischerboote in den kleinen Häfen glänzen in der Abendsonne wie funkelnde Diamanten. Auf der angrenzenden Halbinsel Schwansen findet man riesige Guts- und Herrenhäuser, die zum Teil kleine Ortschaften bilden. Die Halbinsel zwischen der Eckernförder Bucht und Kiel ist der Dänische Wohld. Hier findet man unberührte Natur an einer 15 Kilometer langen Steilküste, die ungewöhnlich dicht bewaldet ist. Kiel selbst liegt eingebettet in seiner Förde. Die Landeshauptstadt ist ein wichtiger Standort für den Schiffsbau und zählt zu den größten Passagierhäfen Deutschlands.

Bereits 8000 Jahre vor Christus siedelten sich die ersten Menschen im heutigen Schleswig-Holstein an und machten sich das fruchtbare Land untertan. Prägend für die spätere geschichtliche Entwicklung waren die deutsch-dänischen Auseinandersetzungen. Zwischen den Herzögen von Gottorf und der dänischen Krone wechselten in schöner Gleichmäßigkeit die Machtverhältnisse von der einen zur anderen Seite. Im Ripener Freiheitsbrief von 1460 wurde die Gegend vom dänischen König Christian I. und dem holsteinischen Grafen Gerhard VI. auf Schleswig und Holstein getauft. Die Zwistigkeiten setzten sich allerdings fort, bis 1866 Schleswig-Holstein zur preußischen Provinz wurde. Mittels einer Volkabstimmung wurde 1920 eine neue Grenze zwischen den Ländern vereinbart. So gibt es bis heute im dänischen Nordschleswig eine deutsche Volksgruppe mit eigenen Schulen und südlich dieser Grenze lebt die dänische Minderheit, die sogar im Landtag des heutigen Bundeslandes Schleswig-Holstein vertreten ist. Das Zusammenspiel von Wasser, Landschaft und Himmel macht Schleswig-Holstein zu etwas ganz Besonderem. Die Natur und das Meer haben den Charakter der Menschen geprägt. Sie leben bis heute vom Fischfang, der Landwirtschaft und der Seefahrt, doch ist der Tourismus zum wichtigen Wirtschaftsfaktor geworden. Zuverlässig, hilfsbereit und vor allem gastfreundlich sind die früher so verschlossenen Einheimischen. Sicherlich gehört ein überschwänglicher Redeschwall immer noch nicht zu ihren hervorstechenden Eigenschaften. Doch das Raue hat einen weichen Kern, den es unter der Schale zu entdecken gilt.

Blick von der Barhöfter Spitze

Hafenidylle auf der Insel Fehmarn

DIE OSTSEEKÜSTE MECKLENBURG-VORPOMMERNS

Weißer Strand und blaues Meer entführen den geneigten Wohnmobilfahrer gedanklich Richtung Mittelmeer. Aber falsch! Traditionsreiche Seebäder mit Seebrücken, die so manches englische Seebad vor Neid erblassen lassen, alte Hansestädte und Biosphärenreservate – dies alles finden wir an der Ostseeküste von Mecklenburg-Vorpommern. Inzwischen zieht es alljährlich Hunderttausende von Urlaubern in den Nordosten der Republik. Die oftmals unbeachtete Seite dieser Küste, die es zu entdecken lohnt, ist das Hinterland der Halbinseln und Inseln mit seinen Boddenlandschaften. Hier schlendern Sie entlang von Rapsfeldern, erfreuen sich später im Jahr an Mohn- und Kornblumen. Vor allem im Frühjahr und Herbst können Sie hier stundenlang zu Fuß oder mit dem Rad unterwegs sein, ohne einem einzigen Menschen zu begegnen.

Verträumte und abgeschiedene Ecken finden sich selbst auf den beliebten Urlaubsinseln Rügen und Usedom. Oder auf der Halbinsel Darß, die Wind und Wellen immer weiter angreifen und der sie unaufhörlich Land abnagen, um es an der Nordspitze wieder anzulanden. Fisch- und Seeadler haben sich diese Regionen als ihr Zuhause gewählt, Hinweisschilder am Straßenrand machen auf den Fischotter aufmerksam, Zehntausende

◀ »Moin, moin« heißt es an der Waterkant. ▲ Das sollte ein Seemann wissen!
▼ Holzkunst bei Barhöft

von Kranichen kommen jeden Herbst in die flachen Gewässer zwischen Zingst und Rügen geflogen. Die untergehende Sonne verdunkelt sich, wenn die Vögel in den Abendstunden der Spätsommer- und Herbsttage von ihren Futterplätzen mit trompetenhaften Rufen in die Nachtquartiere einschweben, bevor es weitergeht auf die weite Reise in den Süden. Ebenso beeindruckend, wenn auch weit weniger unberührt und alles andere als unbekannt, sind die kreideweißen Felsen auf Rügen, die aus den dunklen Buchenwäldern leuchten. 20 Prozent der Landesfläche stehen unter besonderem Schutz: An der Küste gibt es zwei Nationalparks, einen Naturpark und ein Biosphärenreservat, die das größte Potenzial des Landstrichs – die Naturschönheiten – bewahren.

Einen Großteil der Bäderarchitektur konnte man nach der Wende mit viel

Aufwand retten. Vieles fiel leider in der DDR der Abrissbirne zum Opfer und wurde durch Zweckbauten ersetzt. Wenn Sie heute durch die Seebäder Boltenhagen, Ahlbeck, Kühlungsborn oder Binz flanieren, werden Sie allerdings das Gefühl haben, in einem Freilichtmuseum zu sein. Villen mit Türmchen, verzierte Balkone und Erker schmücken die Straßen. Vor allem Schlösser und Herrenhäuser wurden durch die Umnutzung als Hotels vor dem Untergang bewahrt. Auch die Einheimischen haben schnell die magnetische Wirkung ihrer Schätze auf Touristen erkannt. Darum wurde das Angebot zügig ausgebaut, es entstanden Yachthäfen, Freizeitbäder, Golfplätze und vor allen Dingen Seebrücken, die einen über den Ostseewellen schweben lassen.

Ein weiteres Utensil darf an der Küste natürlich nicht fehlen – der Strandkorb! Tausende dieser Exemplare schmücken im Sommer Jahr für Jahr den Strand. Denn schließlich haben die Mecklenburger nicht nur den »aufrecht stehenden Wäschekorb«, sondern auch den Badeurlaub an der Ostsee erfunden. Großherzog Friedrich Franz I. von Mecklenburg bekam von seinem Leibarzt den Rat, im Meer zu baden. Seine Hoheit sah sich um und der »Heilige Damm« gefiel ihm besonders gut. Also entstand hier 1793 das erste Seebad Deutschlands. In Doberan wurde dazu noch die passende Sommerresidenz gebaut. Aus verschlafenen Fischerdörfern entwickelten sich elegante Seebäder, und so kamen Badekuren rasch in Mode. War dieses Vergnügen am Anfang nur den Reichen vorbehalten, gesellte sich rasch auch der normale Bürger dazu, um seinen Strandurlaub mit seinen Kindern hier zu verbringen.

Doch die Zeiten, in denen sich die Urlauber von früh bis spät in der Sonne aalten und mit dem Badevergnügen allein ausgelastet waren, sind vorbei. Mecklenburg-Vorpommern gilt inzwischen als Gesundheitsland Nr. 1 in Deutschland. Wellness, Thalasso und Kurlaub sind die Zauberworte, die Geld in die Kassen spülen. Kinder und Jugendliche wollen ihre Grenzen ausloten und schwingen sich wie Tarzan in Hochseilgärten von einem Baum zum anderen oder reiten mit bis zu 45 km/h über die Wellen. Die Mecklenburger Bucht und die Gewässer um Rügen sind beliebte Surfreviere. Der Wohnmobilist entdeckt gerne auf dem Fahrrad das Hinterland mit seinen stillen Dörfern, reetgedeckten Häusern und uralten, backsteinernen Kirchen. Dorthin führen nicht immer asphaltierte Wege, oft sind es Alleen,

bedeckt mit gnadenlosem Kopfsteinpflaster, auf dem sich vermutlich schon so mancher Trabi einen Achsenbruch geholt hat!
Ein besonderes Herz hat man für die Erhaltung der beiden alten Schmalspurbahnen entwickelt, und wenn man die Fahrgastzahlen sieht, dann wohl zu recht. Von Kühlungsborn bis Bad Doberan schnaufen die Dampflokomotiven der »Molli« und auf Rügen zieht der »Rasende Roland« seine Bahnen. In Bad Doberan können Sie sogar das Erlebnis genießen, mitten durch die Stadt zu fahren. Gut, dass es hier keine Umweltzone gibt!
Wismar und Stralsund gehören zu den Städte-Highlights in Mecklenburg-Vorpommern. Nach einem Bummel versteht man schnell, warum die historischen Kerne der beiden Städte Weltkulturerbe geworden sind. Beide bieten dem Wohnmobilfahrer einen Stellplatz, der fußläufig zur Innenstadt liegt. In beiden Tourist-Infos gibt es kostenlose Kurzführer, die Sie fachkundig durch die Stadt begleiten.
Auch für die Camper und Wohnmobilfahrer wurde viel getan. Der Wohnmobiltourist nimmt natürlich gerne die ausgebaute Infrastruktur in Anspruch. Denn in puncto sportlicher Ausrüstung liegt er Dank der vielseitigen Zuladungsmöglichkeiten gegenüber herkömmlichen Urlaubern ganz klar im Vorteil.
Die vielen Erlebnisse machen nicht nur müde, sondern auch hungrig.

Seegras im Abendwind bei Eckernförde

Die Lübecker Bucht bei Bliesdorf

Gasthäuser mit langer Tradition laden zu einem meist zünftigen Mahl ein. Doch auch der Feinschmecker sollte nicht zu kurz kommen, denn inzwischen gibt es in Mecklenburg-Vorpommern auch einige Sterneköche. Clubs und Musikkneipen, in denen man bis in die frühen Morgenstunden abtanzen kann, sind leider selten. Darum entsteht auf den Wohnmobil- und Campingplätzen oft eine ganz besondere Geselligkeit. Für jugendliche Campinggäste ist dann auch ein Feuer am Strand ein tolles Event – und Musik gibt es auch dazu. Doch damit kein falscher Eindruck entsteht: Bei aller Bedächtigkeit und Zurückhaltung sind die Mecklenburger und Vorpommern gastfreundlich und immer am überlegen, was sie für die Gäste noch tun könnten. Feste und Events, Traumstrände, romantische Städte und eine urwüchsige Landschaft – nicht zuletzt ist es der Mix aus Kunst, Kultur und Natur, der die Ostseeküste von Mecklenburg-Vorpommern zu einer der beliebtesten Feriendestinationen in Deutschland gemacht hat – entdecken Sie sie!

▲ Augen auf! Hünengräber findet man öfter. ◀ Fischerboot im Hafen von Lassan ▶ Einladung zum Drink auf Usedom

KÜCHE

Im Norden wird bodenständig gekocht, und das zu einem überwiegend guten Preis- Leistungs-Verhältnis. Es werden Eintöpfe aller Art serviert, Labskaus oder Birnen, Bohnen und Speck. Im Herbst und Winter gibt es natürlich traditionell Grünkohl in allen Variationen. Fischgerichte fehlen natürlich auch nicht auf der Speisekarte und ein Imbiss in Form von Backfisch oder frischen Fischbrötchen ist ebenfalls nicht zu verachten. Es kommt fast ausschließlich regionaler Fang auf den Teller, und das schmeckt man. Ebenso so zu empfehlen: den Fisch direkt am Kutter im Hafen kaufen und am Wohnmobil grillen. Herrlich!

KLIMA UND REISEZEIT

Für die gesamte Küste gelten als beste Reisezeit die Monate April bis Ende Oktober. Die regenreichsten Monate mit 60 Millimeter Niederschlag sind Juni, Juli und August. Gleichzeitig sind dies aber auch die Monate mit der längsten Sonnenscheindauer von 8 bis 9 Stunden. Die wärmsten sind sie mit einer durchschnittlichen Temperatur von 20 bis 22 Grad ebenfalls. In dieser Zeit sind auch die Wassertemperaturen mit 16 bis 19 Grad am angenehmsten, also ideal für den Badeurlaub mit Kindern.

Viele kennen natürlich die Reize von Frühjahr- und Herbststürmen und genießen die weniger gefüllten Städte und Strände. Auch haben die Camper, und hier speziell die Wohnmobiltouristen, schon längst die Weihnachts- und Silvesterzeit für sich entdeckt. Da die Winter nicht mehr so streng und die Wohnmobile immer besser isoliert und beheizt sind, sollten Sie dies vielleicht auch mal auf Ihre To-do-Liste schreiben.

AKTIVITÄTEN UND AUSRÜSTUNG

So vielfältig wie die Küsten der beiden Bundesländer Schleswig-Holstein und Mecklenburg-Vorpommern, so vielfältig sind auch die Freizeitmöglichkeiten. Die gesamte Ostseeküste ist mit einem gut ausgebauten Radwegenetz ein Paradies für Radfahrer. Die meisten Strecken weisen keine nennenswerten Steigungen auf und sind auch für kleinere Kinder gut geeignet. Da es unterwegs in der Natur zum Teil sehr einsam sein kann, sollten Sie auf keinen Fall ein kleines Werkzeug-Set bzw. das Flickzeug vergessen. In vielen Regionen gibt es Linienbusse, die mit einem speziellen Anhänger für den Transport der Fahrräder ausgestattet sind. So kann man längere Touren planen und das Fahrrad auf dem Rückweg bequem wieder zum Ausgangspunkt mitnehmen. Die Busfahrpläne weisen diesen gesonderten Service extra aus. Die Gebühren belaufen sich meist nur auf ein bis zwei Euro je Bike. Denken Sie beim Radfahren daran, wir sind an der Küste: Eine Windjacke ist da immer sehr hilfreich.

Das Hinterland ist hügelig, und es gibt zahlreiche, sehr gut ausgeschilderte Wanderwege. Die meisten Strecken sind mit leichtem Schuhwerk zu begehen. Für Küsten- oder steilere Routen ist es jedoch ratsam geeignete Wanderschuhe zu nutzen. Die Tourist-Infos halten eine Vielzahl, zum Teil kostenloser Wanderkarten für Sie bereit. Für GPS-Fans bietet sich natürlich auch immer eine Runde Geo-Caching an. Auf www.geocaching.de finden Sie eine schier unendliche Auswahl lohnender Ziele. Gerade Kinder und Jugendliche lassen sich für diese Art des Wanderns sehr schnell begeistern. Die Handhabung der Geräte ist kinderleicht und Einstiegsmodelle sind bereits unter 100 Euro erhältlich.

Da wir uns an der Küste befinden, ist natürlich auch Badespaß satt und Wassersport in allen Facetten angesagt. Surfen, Kiten, Kajakfahren oder Tauchen ist an der gesamten Ostsee nahezu uneingeschränkt möglich. Auf Campingplätzen oder an den Stränden werden häufig Schnupper- oder Intensivkurse für die verschiedensten Sportarten angeboten. Für die weniger sportlichen unter Ihnen gibt es in vielen Häfen die Gelegenheit eine Schiffstour zu unternehmen. Ob Ausflugsdampfer, Segelschiff oder eine Kuttertour mit den Fischern – auch hier ist die Auswahl sehr groß.

Zum Schluss noch etwas zum liebsten Begleiter vieler Wohnmobilbesatzungen, dem Hund. Nahezu 50 Prozent der Wohnmobile haben inzwischen einen vierbeinigen Begleiter an Bord, Tendenz steigend. Auch unser Reiseteam gehört zu dieser Gruppe, damit können Sie davon ausgehen, dass an allen Zielen unserer Touren Hunde willkommen sind. Sollte dies einmal nicht der Fall sein, erwähnen wir dies. Es gibt ja durchaus auch

Campingplatz Thiessow auf Rügen

Menschen, die mit dieser Spezies nichts anfangen können und froh sind, keine Hunde am Platz vorzufinden. Eine Bitte darf nicht vergessen werden: Liebe Hundehalter, denken Sie immer daran, zumal auf Stellplätzen und in Campinganlagen, die Hinterlassenschaften Ihrer Fellnase zu entsorgen. Der Hund gehört bis zum Verlassen der Anlagen an eine Leine und sollte nach Möglichkeit so gut erzogen sein, dass er nicht zum Dauerbellen neigt. Jeder kennt seinen Hund am besten und so ein entspannter Urlaub ist ja eine gute Gelegenheit, bestimmte Dinge zu üben!

◀ Kornblumen in idyllischer Natur ▶ Liebevolle Dekoration am Wegesrand

NAVIGATION

Sicherlich sind die meisten von Ihnen mit Navigationsgeräten, Tablets oder Smartphones bestens ausgerüstet. Für den Fall des Ausfalls oder schlechter Verbindungen empfehlen wir aber immer eine detailgenaue Straßenkarte an Bord zu haben. Wir haben neben unserem ADAC Autoatlas Europa (ist immer gut, egal wo man ist) die Karte 2 »Deutsche Ostseeküste von Hamburg bis Berlin« von Kümmerly + Frey im Maßstab 1:275 000 an Bord gehabt. Damit haben Sie auch für einen Abstecher hinter der Küstenlinie gut vorgesorgt. Für eine ausführliche oder längere Stadtbesichtigung empfehlen wir z. B. ein Buch aus der Reihe »Zeit für das Beste« aus dem Bruckmann Verlag. Oftmals sind aber auch Tourist-Infos mit zum Teil kostenlosen Angeboten zu ihrer Stadt ausgerüstet. Das schont dann auch noch die Reisekasse.

FLENSBURGER FÖRDE

Der Grenzgänger nach Dänemark

Schloss Glücksburg wurde 1587 fertiggestellt.

1

Die kreisfreie Stadt Flensburg, im Norden Schleswig-Holsteins, ist nach Kiel und Lübeck die drittgrößte Stadt des Landes, gleichzeitig nördlichste kreisfreie Stadt Deutschlands. Sie liegt an der Flensburger Förde und an der nördlichen Grenze der Halbinsel Angeln.

Als Zentrum der dänischen Minderheit in Südschleswig nahm Flensburg nach der Volksabstimmung in Schleswig 1920 und den Bonn-Kopenhagener Erklärungen von 1955 eine Vorreiterrolle für die Anerkennung nationaler Minderheiten ein. Von einem nicht geringen Teil der knapp 90 000 Einwohner wird außer Deutsch und Dänisch noch Plattdeutsch und Petuh gesprochen.

Bundesweit bekannt ist die Stadt durch die vom Kraftfahrt-Bundesamt gespeicherten »Punkte in Flensburg«. Auch das Flensburger Bier und der Handballverein SG Flensburg-Handewitt dürfte so manchem ein Begriff sein. Der Rumhandel und militärische Einrichtungen wie der Marinestützpunkt Flensburg-Mürwik prägten das Wachstum der Stadt im 19. und 20. Jahrhundert, spielen heute aber nur noch eine unwesentliche Rolle. Von größerer Bedeutung für das Oberzentrum sind heute der ausgeprägte Grenztourismus, der Flensburger Hafen mit dem historischen Hafen und der Werft der Flensburger Schiffbau-Gesellschaft sowie die Europa-Universität Flensburg mit etwa 6000 Studierenden.

Wer einen Abend direkt in der Stadt verbringen möchte, findet auf der Ostseite des Flensburger Hafens im ehemaligen Industriehafen einen nett gelegenen, kostenlosen Wohnmobilstellplatz. Der Weg dahin ist im Innenstadtbereich ausgeschildert. Der Platz hat weder Strom- noch Wasseranschluss. Er liegt ca. 1,5 km von der Innenstadt entfernt, sodass man sogar zu Fuß am Ufer entlang in die Stadt gehen kann, und bietet Platz für 20 Wohnmobile, teilweise mit Blick auf die Förde. Alternativ ist der Stellplatz am CITTI-Park zu nennen. Hier finden 30 Wohnmobile kostenlos auf asphaltierter Parkfläche am Einkaufszentrum eine Übernachtungsmöglichkeit. Zur Innenstadt sollte man das Transportmittel Fahrrad oder den Bus wählen. Vier Kilometer südlich gibt es auch die Möglichkeit den Campingplatz Jarplund anzusteuern. Der Platz ist von März bis November geöffnet. Mit Kindern und Hunden ist man auf dem auch bei Dänen sehr beliebten Platz gut aufgehoben.

1

DIE HALBINSEL HOLNIS

Wer nach einem Bummel lieber in die Natur möchte, erreicht über die L 249 das elf Kilometer entfernte Glücksburger Schloss. Glücksburg ist die nördlichste Stadt Deutschlands, die angrenzende Halbinsel Holnis ist der nördlichste Festlandpunkt Deutschlands.

SCHLOSS GLÜCKSBURG gehört zu den wichtigsten Residenzschlössern Norddeutschlands. Es wurde als Sitz der Herzöge des Hauses Schleswig-Holstein und zeitweise auch als Regierungssitz der dänischen Könige – beide dem alten Stammhaus Oldenburg zugehörig – genutzt. Erbaut wurde es in den Jahren 1583 bis 1587, heute wird es als Stiftung unter der Vorstandschaft von Christoph Prinz zu Schleswig-Holstein geführt. Das Schloss kann besichtigt werden und der wunderschöne Park mit dem alten Baumbestand lädt zu einem Spaziergang ein. Für das leibliche Wohl sorgt das Café-Restaurant und die Kinder haben ihren Spaß auf dem Spielplatz. Parkmöglichkeiten vor dem Schloss gibt es für Wohnmobile jeder Größe.

Von Holnis ist Dänemark schon Sicht.

▲ Schlossinsel mit Werkhof ◀ Natürliche Küstenrasenmäher

▶ Kinder und Hunde willkommen!

Über die Kreisstraßen K 93 und K 97 sind es nur zehn Kilometer bis zum Campingplatz Langballigau. Gegen eine Parkgebühr von zwei Euro kann man den Tag direkt an einem Wiesenstreifen oberhalb des Strands verbringen. Hier lässt es sich nach Herzenslust Rad fahren, wandern oder im Sand spielen und natürlich baden. Das Tolle ist, dass Sie auch Ihre vierbeinigen Freunde mitnehmen können. Alternativ können Sie hier eine ruhige Nacht verbringen, denn vor der Zufahrt ist direkt der Campingplatz Langballigau mit extra Wohnmobilstellplatz und Blick auf die Ostsee. Die Stellplatzgebühr beträgt nur zehn Euro und für einen Euro je Person können Sie auch die Sanitäranlagen des Campingplatzes mitbenutzen.

▲ Der Leuchtturm von Falshöft ◀ Seenotretter Werner Kunze im Hafen
▶ Idyllischer Spielplatz

WILDNIS ZWISCHEN MEER UND AUEN

Sie haben sich für die Übernachtung entschieden und hängen noch einen Tag dran? Dann haben wir einen ultimativen Wanderausflug durch die typische schleswig-holsteinische Küstenlandschaft für Sie. Den 15 Kilometer langen Rundwanderweg kann man unmittelbar vor dem Campingplatz starten und beenden. Er hat einen Höhenunterschied von nur 30 Metern und hält viele reizvolle Zwischenziele bereit.
Die buchenbewaldete Küste zwischen Bockholmwik und Langballigau an der Flensburger Außenförde und das Tal der Langballigau sind landschaftlich besonders. Die Wanderung führt durch das Tal der mäandrierenden Langballigau, an der Küste entlang und auf reizvollen Wegen in den Ort Unewatt mit seiner schönen Windmühle und dem Museumsdorf.

Vom Campingplatz gehen wir nach links, überqueren die K 97 und folgen der Straße Am Hafen. Von hier führt links ab ein als Wanderweg gekennzeichneter Aufstieg auf die Steilküste. Diese Gegend war einst die Obstkammer Angelns, was an den alten Apfelbäumen am Wegesrand noch heute nachzuvollziehen ist. Auf dem Weg nach oben bietet sich ein ausgezeichneter Ausblick auf die Flensburger Außenförde und die Halbinsel Broager auf dänischer Seite. Ein Gedenkstein weist darauf hin, dass dieser Ausguck bereits während der napoleonischen Kriege genutzt wurde, um feindliche Schiffe auszumachen. Auf der Höhe wenden wir uns nach rechts Richtung Hohenau, nehmen vor einem Hof den ausgewiesenen Wanderweg und wandern in westlicher Richtung direkt auf den Wald zu. Im Wald halten wir uns links und bleiben so in der Nähe des südlichen Waldrandes. Wir gelangen auf den Weg in Richtung Siegumlund, durchqueren den Wald geradeaus bis zu einer Lichtung, durch die ein Wiesenweg zu den wenigen Häuser von Siegumlund führt. An den hübschen Häusern vorbei gehen wir unmittelbar nach einer Linkskurve der Ortsstraße wieder in den Wald hinein. Auf diesem Weg kommen wir schließlich in nördlicher Richtung nahe am Waldrand durch ein Feuchtgebiet und gelangen an das Ufer der Förde bei Bockholmwik. Hier gehen wir nach rechts, wohl auch auf einem Nehrungshaken, der die ehemalige Steilküste von der Ostsee abgetrennt hat.

Flensburger Förde mit Schloss

1

Der Weg führt uns schließlich durch die Dünen am Strand, bis wir bergauf auf eine ausgebaute Treppe zum Weg nach Hohenau gelangen. Von Hohenau wandern wir den bereits bekannten Weg zurück nach Langballigau, überqueren wieder die K 97 und folgen dem Pfad hinein in das Tal der Langballigau. Die Brücke über die Au überschreiten wir nicht, sondern wandern geradeaus am Fuß des nicht mehr aktiven Kliffs. Wir folgen einem herrlichen, schattenreichen Waldweg mit Blick auf die dicht bewachsene Talaue. An der nächsten Kreuzung gehen wir rechts Richtung Unewatt und erleben einen ursprünglichen, naturbelassenen Abschnitt des Tales. In **Unewatt** lädt uns der schön angelegte Biergarten des Landhauses Unewatt zu einer erfrischenden Rast ein. Von hier sind es nur noch wenige Meter zum Parkplatz des Museumsdorfes Unewatt oder zur Mühle Fortuna.

Kitesurfer am Strand

Funktioniert tadellos – die Mühle Fortuna

DIE MÜHLE FORTUNA in Unewatt hat eine interessante Geschichte. Hervorgegangen aus einer Mühle von 1780 wurde der Betrieb nach Aufhebung des Mühlenzwangs lukrativ, und so wurde 1878 ein kompletter Mühlenneubau erstellt. Die Mühle wurde in den folgenden Jahren noch weiter ausgebaut und erhielt 1922 einen Elektromotor, um auch unabhängig vom Wind arbeiten zu können. Das Aufkommen von Industriemühlen und Veränderungen in der Landwirtschaft zwangen schließlich zur Aufgabe. Die Unewatter Mühle war aber die letzte betriebsgängige Mühle im ehemaligen Kreis Flensburg. Heute ist die voll funktionsfähige Mühle als Museum ein interessantes Anschauungsobjekt, um ein altes Traditionshandwerk kennenzulernen.

1

Beeindruckt, auch von den zahlreichen Legenden und Märchen über Müller, wandern wir auf dem **Mühlenweg** bergab, denn Mühlen stehen immer an exponierten Orten. In Richtung Ortsmitte geht es zum Landhaus Unewatt, wir gehen hier aber zunächst vorbei und überqueren die Langballigau. Hier erfahren wir, dass die Au bis zur Mündung etwa vier Kilometer zurücklegt. Auch die Wasserkraft der Au wurde mit einer Kornwassermühle und einer Buttermühle einst genutzt. Wir schlagen den ausgewiesenen Weg in Richtung Knös ein und lassen die rechts abführenden Wege liegen. Bei dem Ortsteil Knös gelangen wir in den vorwiegend von Buchen bestandenen Wald. Wir folgen diesem Waldweg am Hang eines Tales, durch das ein Nebenfließ der Langballigau plätschert. Große Bestände des Riesenschachtelhalms, mit bis zu zwei Metern Höhe die größte heimische Schachtelhalm-Art, beeindrucken uns. Schließlich führt der Weg aus dem Wald heraus auf eine Lichtung zu, die von Robustrindern beweidet wird. Wir queren den Talboden, finden am Ufer der Langballigau Wasserminze und überqueren auf der Brücke die Au, um am Steilhang rechts wieder zur K 97 zu gelangen. Noch wenige Schritte und wir haben unser Ziel erreicht. Jetzt kann sich jeder mit einer großen Erfrischung seiner Wahl belohnen.

Die Spitze von Langballigau

▲ Flensburger Innenhafen ▼ Ausgeschilderter Hundestrand vor dem Campingplatz

AUF EINEN BLICK

Info

STADT/REGION: Flensburg, Halbinsel Holnis, Schleswig-Holstein
BESTE REISEZEIT: April bis Ende Oktober
OPTIMALE REISEDAUER: 2–3 Tage
TOURISTINFO: Touristinformation Flensburg, Nikolaistraße 8, 24937 Flensburg, Tel. 0461/909 09 20, www.flensburger-foerde.de; Touristinformation Kappeln an der Schlei, Schleswiger Str. 1, 24376 Kappeln, Tel. 04642/40 27; www.touristikverein-kappeln.de
KARTE: Kümmerly + Frey 1:275 000, Karte 2 Deutsche Ostseeküste

SEHENSWÜRDIGKEITEN

SCHLOSS GLÜCKSBURG: 24960 Glücksburg, Tel. 04631/44 23 30, www.schloss-gluecksburg.de
WINDMÜHLE FORTUNA: Mühlenstraße 2, 24989 Dollerup, www.museum-unewatt.de

Windspiele in der Düne

▲ Wohnmobilstellplatz vor dem Campingplatz Langballigau

◀ Übergang zum Segelhafen ▶ Zufahrt zum Tagesparkplatz

WOHNMOBILSTELLPLATZ FLENSBURG

ADRESSE: Am Industriehafen, 24937 Flensburg, Tel. 0461/909 09 20, www.flensburg-tourismus.de

GPS: N 54°47‘56“, E 09°26‘15“

Einfacher Stellplatz für 10 Wohnmobile, kostenlos, kein Strom und Wasser, Entsorgung am Klärwerk Kielseng 17. Teilweise Blick auf die Hafeneinfahrt, 1,5 km zur Innenstadt

WOHNMOBILSTELLPLATZ LANGBALLIGAU

ADRESSE: Strandweg 3, 24977 Langballig, Tel. 04636/308, www.campingplatz-langballigau.de

GPS: N 54°49‘17.37“, E 9°39‘31.45“

55 Stellplätze in verschiedenen Bereichen, sehr schön direkt am Deich gelegen, tolle Rad- und Wanderwege, kleiner Hafen und Gastronomie vor Ort.

KAPPELN AN DER SCHLEI

Auf den Spuren der alten Wikinger

Die »Schlei-Prinzessin« in Kappeln

2

Mit der Entdeckung der Seewege durch die Wikinger beginnt eine lange gemeinsame Geschichte der Völker des hohen Nordens. Der 40 Kilometer lange Ostseefjord der Schlei erstreckt sich auf den Spuren der alten Wikingerwege von Kappeln bis nach Schleswig im Landesinneren.

Malerisch schlängelt sich das Wasser durch die Wiesen, vorbei an kleinen Häfen und Badebuchten. Winzige Orte mit reetgedeckten Häusern bilden das Panorama an dem ehemaligen Schifffahrtsweg der Wikinger. Der alte Fischereihafen mit seinen zahlreichen, zum Teil sehr urigen, Lokalitäten, den festgemachten Fischerbooten und Ausflugsschiffen ist ein wahrer Touristenmagnet. Gut, dass fußläufig an der Marina und der Werftanlage ein großer Wohnmobilstellplatz zur Verfügung steht. Die geschotterte Fläche lässt sich bei jeder Witterung gut befahren und bietet teilweise sogar Blick auf das Wasser.
So kann man sich bedenkenlos den irdischen Genüssen hingeben, die einen in den kleinen Gassen anlocken. Wir können zum Beispiel das Mittagsmenü im Cameo mit Blick von der Terrasse auf den Schleianleger empfehlen. Fans der ZDF-Serie »Der Landarzt« werden es sich natürlich nicht nehmen lassen, an den Originaldrehorten rund um die St.-Nicolai-Kirche ihren Kaffee einzunehmen. Ebenfalls direkt im Hafenbecken, am besten von der Schleibrücke aus, können Sie den letzten der 38 Heringszäune aus dem 16. Jahrhundert entdecken. Bis heute verirren sich um die Osterzeit die Heringe in den fest verankerten Reusen aus Buschwerk und können dann einfach gefangen werden.
Zurück am Wohnmobil bietet sich eine Tour auf dem von hier startenden Fahrradweg an. Entlang der Schlei geht es in das fünf Kilometer entfernte Arnis, das 1934 Stadtrecht erhielt. Das macht den Ort mit knapp 300 Einwohnern zur kleinsten Stadt Deutschlands. Viele der kleinen Häuser stehen in dem malerischen Ort unter Denkmalschutz. Mit einer Fähre kann man im Yachthafen sogar mit dem Wohnmobil (bis 5t), aber selbstverständlich auch mit dem Fahrrad nach Sundsacker übersetzen. Wir genießen lieber den Rundgang durch die kleine Stadt und bewundern die liebevoll gestalteten Gärten, bevor uns besagte Fähre zur anderen Seite bringt. Durch die Felder und entlang der K 123 geht es über die Brücke zurück nach Kappeln. Der Ort hat besonders am Abend seinen ganz eigenen

Charme, wenn die meisten Tagestouristen abgereist sind und ein wenig Ruhe an den Ufern eingekehrt ist. Am Stellplatz kann man gesellig grillen, das ein oder andere Gespräch mit den Wohnmobilnachbarn und Freizeitkapitänen an ihren Booten führen. Je nachdem, was die Zeitplanung des Kurztrips hergibt, kann man noch in die etwa 30 Kilometer entfernte Eckernförder Bucht weiterfahren.

REIZENDES ECKERNFÖRDE

Angesteuert wird der citynahe, von den Stadtwerken angelegte Wohnmobilstellplatz für 50 Wohnmobile. Die Einfahrt erfolgt nach Einbuchung im vollautomatischen Kassensystem. Bei 17 Euro Gebühr je Wohnmobil muss man erst einmal schlucken. Das Schlucken weicht dann, bei genauem Betrachten, einem breiten Grinsen. Die Gebühr ist inklusive WLAN, Nutzung der Sanitäranlage, Kurabgabe für zwei Erwachsene, Nutzung des Servicebereiches mit Küche (Herd, Backofen und Geschirrspüler gegen Gebühr), Hundedusche (!) und Entsorgung. Die Stellplätze sind mit 10 mal 5 Meter so groß, dass man bequem Markise, Tisch und Stühle nutzen kann. Der Platz ist ganzjährig nutzbar und dank des hervorragenden Untergrunds auch für schwere Wohnmobile bei jeder Witterung befahrbar. Die Innenstadt, Hafen und Promenade mit Stadtstrand erreichen Sie zu Fuß in 10 Minuten. Dieser Komfort und der ausgezeichnete Gesamteindruck ersetzen hier einen Campingplatz.

Alles bereit für den Sundowner

▲ Stadtstrand Eckernförde ◀ Brücke zum alten Fischereihafen
▶ Der Stadthafen Eckernförde

GESCHICHTLICHES

Gegen Ende des 12. Jahrhunderts ließ der dänische König zum Schutz des Handelsweges über dem schmalen Durchlass zwischen Noor und offener Bucht eine Burg errichten. Sie wird 1231 als »Ykernaeburgh« erwähnt. In einer Urkunde von 1302 wird **Eckernförde** dann bereits als Stadt bezeichnet. Im 15. und 16. Jahrhundert wird Eckernförde zur Hafenstadt mit privilegiertem Zwischenhandel. Durch die Ausweitung des Seehandels floriert der Schiffsbau, daneben spielen bis ins 17. Jahrhundert hinein der Fischfang und das Brauwesen eine bedeutende wirtschaftliche Rolle. Um die Mitte des 18. Jahrhunderts erreicht die Stadt eine wirtschaftliche Blütezeit, die Kaufleute betätigen sich nun überwiegend als Reeder. Eine mysteriöse Figur der Eckernförder Geschichte ist der Graf von Saint Germain, der ab 1780 gemeinsam mit dem dänischen Stadthalter, Landgraf Carl von Hessen, im Alchemistenturm auf **Louisenlund** experimentierte. Er stellte goldähnliches Metall her und arbeitete an der Entwicklung von Farben, die jedoch die angestrebte Haltbarkeit nicht erreichten. Der Graf von Saint Germain starb am 27. Februar 1784 in Eckernförde und wurde in der Sankt-Nicolai-Kirche beigesetzt.

◀ In der Altstadt von Kappeln ▶ Die Fischer haben Feierabend.

Heute hat Eckernförde etwa 22 000 Einwohner und ist eine Stadt, die sich ihre norddeutsche Lebensart erhalten hat. Der Weg vom Stellplatz führt direkt an die Promenade und den Strand. Er endet im Fischereihafen und am Zugang zur Fußgängerzone in die wunderschöne Altstadt. An den Wochenenden finden hier regelmäßig Flohmärkte statt und an den Fischkuttern kann man zu günstigen Preisen den frischen Fang des Tages erwerben. Selbst wenn das Wetter mal nicht so mitspielt, braucht Ihnen nicht bange zu sein. Dann lädt im alten Rathaus, dessen Kernbau bereits 1420 errichtet wurde, das Museum für Fischerei und Stadtgeschichte ein.

EGAL OB GUTES oder schlechtes Wetter, das Kaffeehaus und Konditorei Heldt sollten Sie auf keinen Fall verpassen. Das älteste Café Schleswig-Holsteins bietet eine Auswahl an 120 verschiedenen Sorten Gebäck, Kuchen, Torten und Marzipanspezialitäten.

Die Landspitze zwischen Eckernförder Bucht und Kieler Förde ist das **Schwedeneck**, die über einen Stellplatz verfügt. Wir empfehlen die Schleife zum Bülker Leuchtturm und an der nordwestlichen Spitze die Einfahrt zur Kieler Förde zu nehmen. Bei klarem Wetter kann man bis zur anderen Uferseite zum Marine-Ehrenmal in Laboe blicken. Gegen frühen Abend werden die Tagestouristen weniger und man kann versuchen, einen der zehn Wohnmobilstellplätze zu ergattern. Die kostenlosen Plätze haben keinerlei Versorgung, bieten aber einen perfekten Blick über das Wasser in die untergehende Abendsonne. Das Schwedeneck ist wohl eine der schönsten Gemeinden an der Ostseeküste, die Familien und Naturliebhaber gleichermaßen begeistert. Die prachtvollen Gutshäuser der ehemaligen Gutsbezirke Dänisch Nienhof, Hohenhain, Grönwohld und Birkenmoor machen noch heute einen Teil des Reizes dieser Gemeinde aus. Schwedeneck hat aber noch sehr viel mehr zu bieten: Kinder können am 16 Kilometer langen Strand nach Herzenslust im Sand oder im Wasser spielen, denn an den meisten Stränden ist das Wasser flach. Erst nach vielen Metern vertieft es sich zum eigentlichen Meer, auf dem in der Ferne die Schiffe vorüberziehen.

IM NORDEN und Osten von der Eckernförder Bucht und der Kieler Förde umrahmt, ahnt der Strand- und Steilküstenwanderer die Weite der Ostsee und die Schönheit Schleswig-Holsteins, wenn er auf einer Bank ausruhend in der Ferne gegenüberliegende Ufer oder einfach nur das offene Meer betrachtet und hinter sich die traumhafte Landschaft Schwedenecks weiß. Ein Info-Schreiben der Kurverwaltung Schwedeneck sieht das so: »Wir Schwedenecker garantieren, dass die klassischen Tugenden Schleswig-Holsteins wie Ruhe und Naturnähe, gute und reine Luft und sauberes Wasser, vertraute Heimatlichkeit und gutes Essen bei uns noch vorhanden sind.«

Alte Tradition – Heringszäune in der Schlei

Auf einen Blick

Info

STADT/REGION: Kappeln, Eckernförde, Schleswig-Holstein
BESTE REISEZEIT: April bis Ende Oktober
OPTIMALE REISEDAUER: 2–3 Tage
TOURISTINFO: Touristinformation Eckernförde, Am Exer 1, 24340 Eckernförde, Tel. 04351/71 79-0, www.ostseebad-eckernfoerde.de
KARTE: Kümmerly + Frey 1:275 000, Karte 2 Deutsche Ostseeküste

SEHENSWÜRDIGKEITEN

STADT ARNIS: www.arnis.de
KAFFEEHAUS UND KONDITOREI HELDT: St.-Nicolai-Straße 1, 24340 Eckernförde
LEUCHTTURM BÜLK: Leuchtfeuer Bülk 0, 24229 Strande/Bülk, www.leuchtturm-buelk.de

WOHNMOBILSTELLPLATZ KAPPELN

ADRESSE: Am Hafen 23a, 24376 Kappeln, Tel. 04642/15 63, www.ancker-yachting.de
GPS: N 54°39'59.84", E 9°56'12.87"
50 Stellplätze für Wohnmobile am Ende des Nordhafens, € 12 pro Nacht inkl. Ver- und Entsorgung, Strom 50ct/kWh, idyllisch an der Schlei gelegen, Einkaufmöglichkeit 100 m, Altstadt und Hafen nur fünf Minuten zu Fuß.

Wohnmobilstellplatz Kappeln an der Schlei

▲ Wohnmobilstellplatz Eckernförde ◀ Am Anleger im Hafen von Arnis
▶ Hafen von Kappeln bei Nacht

WOHNMOBILSTELLPLATZ ECKERNFÖRDE

ADRESSE: Kakabellenweg, 24340 Eckernförde, Tel. 04351/9050, www.stadtwerke-eckernförde.de

GPS: N 54°27‘34“, E 09°51‘00“

50 Stellplätze mit 50 m2 Fläche, tolle Ausstattung des gesamten Platzes, inkl. WLAN, lässt die € 17 pro Nacht verschmerzen, Einkaufsmöglichkeit 200 m, Fußweg zur Innenstadt, Hafen und Fördepromenade nur 10 Minuten, sehr stadtnah und doch sehr grün. Sanitärgebäude für einen Stellplatz außergewöhnlich. Markise, Tisch und Stühle sind erlaubt.

Willkommen in Brasilien!

Am Strand von Brasilien

3

Amerika im hohen Norden, das hört sich zunächst nicht so richtig glaubwürdig an, ist aber in diesem Zusammenhang die reine Wahrheit. Denn die traumhaften Strände von Brasilien und Kalifornien erreicht man mit dem Wohnmobil ohne lange Schiffspassage.

Für die 2,9 Millionen Einwohner Schleswig-Holsteins ist Kiel mit seinen knapp 250 000 Einwohnern die Landeshauptstadt. Von der Förde geht es in die Kieler Bucht und dann über die Ostsee in die weite Welt. Das maritime Flair spürt man in der ganzen Stadt und besonders zur Kieler Woche, der größten Segelregatta der Welt, die alljährlich im Juni stattfindet. Zu dieser Zeit ist natürlich besonders viel geboten und selbst ein verlängertes Wochenende sollte gut geplant sein. Vom Bülker Leuchtturm im Westen bis Schönberg im Osten bietet die Kieler Förde viel Abwechslung und zeigt sich als echtes Ganzjahresziel.

KIELER STADTBUMMEL

In der Mitte zwischen den Ortsteilen Wik und Ravensberg ist der Stellplatz Koesterallee. Für sieben Euro kann man hier parken oder mit Wohnmobil und zwei Personen gleich über Nacht bleiben. Perfekt. Zugegeben sind es entlang der Wasserlinie etwa drei Kilometer bis zur Innenstadt, aber auch nur ein Kilometer bis zur Einfahrt des Nord-Ostsee-Kanals. Wem der Fußmarsch zu weit ist oder wer keine Fahrräder dabei hat, der kann alternativ den Bus nehmen, der nur 300 Meter entfernt hält.

STRANDVERGNÜGEN PUR

Aus der Stadt geht es auf der B 502 zügig am Ostufer entlang, bis man Laboe erreicht. Auch hier gibt es am ausgeschilderten Parkplatz des Marine-Ehrenmals einen Stellplatz für Wohnmobile, der ebenfalls zur Übernachtung genutzt werden darf. Am Strand hat man die Gelegenheit mit der U 995 eines der letzten U-Boote des Zweiten Weltkriegs zu bestaunen. Die mögliche Innenbesichtigung ist allerdings nichts für Menschen mit Platzangst. Danach schätzt man dann die »Weite« des Wohnmobils umso mehr. Am Abend, wenn die Tagestouristen den Heimweg angetreten haben, wird es selbst hier ruhiger, sodass eine geruhsame Nacht garantiert ist. Von Laboe sind es gerade mal 15 Kilometer bis zum großen Stellplatz Brasilien, der 50 Wohnmobilen direkt hinter dem Deich Unterkunft gewährt. Das Besondere an diesem Strandabschnitt ist der dahinter gelegene »Grünstreifen«. Hier tummeln sich die »Sandverächter«, Kinder die ihren Drachen steigen lassen und die vielen Fahrradfahrer sowie Skater, die den perfekt ausgebauten Ostseeradwanderweg nutzen. Natürlich kommen am angrenzenden feinen Sandstrand die Badefreuden nicht zu kurz. Das reichhaltige Freizeitangebot garantiert einen kurzweiligen Aufenthalt für alle Altersklassen. Zur rechten Seite befindet sich der Schönberger Strand und zur linken das Feriendorf Kalifornien mit einem Campingplatz. Ebenfalls zu empfehlen ist ein Besuch des etwa vier Kilometer entfernten Schönberg mit seinem sehenswerten Eisenbahnmuseum. Hier kann man wunderbar in vergangenen Epochen wandeln, sich mit einer Oldtimer-Straßenbahn spazierenfahren lassen oder bei schönem Wetter auf der Terrasse in der ausgefallenen Kulisse ein kaltes Getränk genießen. Entlang der Hauptstraße findet man auch Einkaufsmöglichkeiten für den täglichen Bedarf.

Die Angelner Dampfeisenbahn

Blick über die Förde bis Laboe

NAMENSGESCHICHTE

Wie kam es eigentlich zu der exotischen Namensgebung dieser Strandabschnitte? Dazu erzählt man sich folgende Geschichte. Vorzeiten fand ein Fischer am Strand in der Nähe seiner Hütte eine alte Schiffsplanke, auf der »California« stand. Er nahm das Stück Holz mit nach Hause und nagelte es an seine Haustür. Es dauerte nicht lange, da wurde ein konkurrierender Fischer, der ganz in der Nähe am Strand wohnte, auf dieses Schild an der Tür seines Nachbarn aufmerksam. »Was du kannst, das kann ich schon lange …«, mag sich dieser wohl gedacht haben. So suchte er sich ein passendes Holzbrett und malte darauf das Wort »Brasilien«. Mit diesem Schild verschönerte er seine Haustür, und so blieb es bei diesen exotischen Namen. Mit der Zeit wurden diese Namen offiziell für die Ortsabschnitte Schönbergs übernommen.

SCHWEDENECK UND BÜLKER LEUCHTTURM

Auf der anderen Seite der Kieler Förde liegt an der nordwestlichen Spitze das **Schwedeneck**. Bei klarem Wetter kann man bis zur anderen Uferseite zum Marine-Ehrenmal in Laboe blicken. Tagsüber kann man direkt auf dem Parkstreifen vor dem **Bülker Leuchtturm** parken. Die Buchten sind aber recht kurz und für Wohnmobile über sieben Meter Länge nicht zu empfehlen. Zudem ist, laut letzten Informationen, eine Übernachtung hier offiziell nicht mehr erlaubt. Das Schwedeneck gehört sicherlich zu den schönsten Gemeinden an der Ostseeküste und begeistert Familien und Naturliebhaber gleichermaßen.

3

WER SEINEN TAGESPARKPLATZ eingenommen hat, kann von hier aus einen wunderschönen, knapp neun Kilometer langen Rundwanderweg starten. Am Bülker Leuchtturm vorbei geht es zunächst bis an die Steilküste. Der Panoramablick bis zur anderen Uferseite nach Laboe lädt hier bereits zum Verweilen und Genießen ein. Nach links geht es weiter an der Strandlinie entlang Richtung Stohl. Das Rauschen der Ostseewellen und die salzhaltige Luft sind die ständigen Begleiter auf der angenehmen Wanderroute, die übrigens auch besonders für Hunde mit Schwimmgenen ein wahres Vergnügen ist, denn bei warmem Wetter bietet sich eine Erfrischung für Mensch und Tier an. Ebenso lässt sich der rege Schiffverkehr an der nahen Küstenlinie gut beobachten. Am ersten Abzweig führt der Weg links weiter Richtung der ausgeschilderten Ortschaft Strande. Durch die Felder und Wiesen geht es vorbei an Gut Alt Bülk bis in den Ort. Hier kann man wunderbar eine Pause einlegen und sich in einem der Lokale oder Imbisse stärken, bevor es an der Promenade entlang noch mal etwa drei Kilometer bis zum Ausgangspunkt sind.
Für eine Übernachtung ist der nahe Wohnmobilstellplatz an der Marina im Olympiahafen Schilksee zu empfehlen. Es gibt von Mai bis September eine komplette Ver- und Entsorgung, Strom, sanitäre Anlagen mit Dusche und Hunde sind auch willkommen. Natürlich kann man auch von hier aus starten und alles gut mit dem Fahrrad erkunden.

◀ Straßenbahnmuseum in Schönberg ▶ Viel Platz am Strand von Brasilien

▲ Ostseeradweg hinter dem Deich ◀ Marine-Ehrenmal Laboe
▶ Krokauer Mühle bei Schönberg

AUF EINEN BLICK

Info

STADT/REGION: Kiel, Schleswig-Holstein
BESTE REISEZEIT: April bis Ende Oktober
OPTIMALE REISEDAUER: 2–3 Tage
TOURISTINFO: Touristinformation Kiel, Andreas-Gayk-Straße 31, 24103 Kiel, Tel. 0431/67 91 00, www.kiel-sailing-city.de
KARTE: Kümmerly + Frey 1:275 000, Karte 2 Deutsche Ostseeküste

SEHENSWÜRDIGKEITEN

LEUCHTTURM BÜLK: Leuchtfeuer Bülk 0, 24229 Strande/Bülk, www.leuchtturm-buelk.de
TECHNISCHES MUSEUM AM STRAND VON LABOE: Strandstraße 92, 24235 Laboe, www.u-995.com

WOHNMOBILSTELLPLATZ BÜLKER LEUCHTTURM

ADRESSE: Bülker Weg, 24229 Strande, Tel. 04349/92 64, www.leuchtturm-pavillon.de
GPS: N 54°27'15", E 10°11'48"
10 Stellplätze für Wohnmobile bis 7,50 m Länge, kostenlos ohne Versorgung und Strom, toller Blick direkt am Wasser, am Abend ruhig und bei klarem Wetter Blick bis nach Laboe

◀ U 995 am U-Boot-Museum Laboe ▶ Stellplatz am Bülker Leuchtturm

▲ Breite Strandwiesen bei Kalifornien und Brasilien ◀ Stellplatz Kiel Wiek an der Kanaleinfahrt ▶ Wohnmobilstellplatz Brasilien

CAMPINGPLATZ MÖLTENORT KIEL

ADRESSE: Uferweg 24, 24226 Heikendorf, Tel. 0431/239 45 29, www.campingplatz-möltenort.de

GPS: N 54°23‘3.09“, E 10°12‘18.04“

Schöne Wiese für Wohnmobile jeder Größe, beste Lage zur Stadt mit Busverbindung und Radweg.

Dies ist die Alternative zum Kieler Stellplatz in Wik.

WOHNMOBILSTELLPLATZ BRASILIEN

ADRESSE: Mittelstrand, 24217 Schönberg, Tel. 04344/95 32, www.schoenbergerstrand.com

GPS: N 54°25‘22“, E 10°23‘36“

50 Stellplätze für Wohnmobile aller Größen, € 8 inkl. aller Personen, zzgl. Kurtaxe für Erwachsene je nach Saison, inkl. Ver- und Entsorgung, kein Strom, toller Blick direkt am Wasser, am Abend ruhig und bei klarem Wetter Blick bis nach Laboe

MITTENDRIN IM MEER – FEHMARN

Jeder Tag ein Gewinn

Windmühle im Dorf Lemkenhafen auf Fehmarn

4

Schleswig-Holsteins einzige Ostseeinsel sorgt auf 185 Quadratkilometern mit 78 Kilometern Küstenlinie für Wochenend- und Urlaubsgenuss pur. Mit der bequemen Erreichbarkeit über die Fehmarnsundbrücke wird schon die Anreise zum Vergnügen!

Insgesamt 16 Campingplätze und noch einmal so viele Wohnmobilstellplätze und Minicampings bieten rund um die Insel Platz für freie und persönliche Entfaltung. Mittlerweile hat sich Fehmarn zu einem echten Ganzjahresziel gemausert und selbst in der Hochsaison kommt man mit dem Wohnmobil unter. Viel Leben, tolle Natur, echtes Inselflair und die unendlichen Strände vermitteln ein wahres Paradies für den Kurztrip oder auch für einen ganzen Urlaub. Dabei entscheidet das mobile Reiseteam selbst, wie viel Trubel oder Einsamkeit zur Entspannung gesucht wird. Die Auswahl an Aktivitäten macht Fehmarn zu einem wahren Freizeit-Eldorado für alle Altersklassen.

BURG AUF FEHMARN

Nahezu im Zentrum liegt die Inselhauptstadt Burg. Der große, wohnmobilfreundliche Parkplatz am Hafen ist genau der richtige Anlaufpunkt für die erste Orientierung oder Planung des weiteren Verlaufs Ihres Aufenthaltes. Von hier sind es nie mehr als 15 Kilometer, egal an welchen Ort es auf der Insel gehen soll. Doch schon in und um den Hafen Burgstaaken gibt es so viel zu zu erleben, dass die ersten Stunden wie im Flug vergehen. Denn im Fähr- und Fischereihafen gibt es noch Fisch vom Kutter zu kaufen, ein U-Boot und einen Seenotrettungskreuzer zu bestaunen und natürlich viele nette Lokale, die sich um das leibliche Wohl der Gäste kümmern. Kinder können sich am Spielschiff Möwe austoben und das Beste ist: Wer möchte, kann gleich hier am Hafen den Wohnmobilstellplatz nutzen und das abendliche Hafenflair genießen, wenn die meisten Touristen schon wieder weg sind. Selbstverständlich gibt es vor Ort alle Einkaufsmöglichkeiten und auch, wer die Luftmatratze oder die Badebekleidung vergessen hat, wird hier fündig.

WO GEHEN WIR VOR ANKER?

Unser nächstes Ziel sind die Campingmöglichkeiten im nordwestlichen Teil der Insel. Ab dem Ortsteil Altenteil beginnt wieder einer der besser

4

ausgebauten »Feldwege«, also vorher prüfen, dass alle Schränke gut verschlossen sind und kein Geschirr durch das »Eigenheim« purzelt. Am Ende der Strecke hat man die Wahl zwischen den Campingplätzen Fehmarnbelt, Altenteil und Belt Camping. Den kleinen Campingplatz am Deich empfehlen wir aufgrund der Zufahrt und Ausrichtung der Stellplätze nur für Fahrzeuge bis maximal sechs Meter Länge, besonders für Camping Vans. Am besten inspizieren Sie die Plätze mit ihren verschiedenen Angeboten kurz und treffen Ihre eigene Wahl. Landschaftlich sehr reizvoll gelegen, abseits vom Verkehr und ganz nah am Wasser sind alle drei. Gemittelt zu allen und in einer Entfernung von etwa 300 Metern befindet sich das Ristorante Pizzeria Bella Italia. Also braucht selbst in der Einsamkeit auf nichts verzichtet zu werden. Das Essen und das Preis-Leistungs-Verhältnis sind sehr gut. An manchen Tagen ist sogar eine Reservierung notwendig. Wir haben den Stellplatz mit Meerblick vor der Schranke vom Campingplatz Fehmarnbelt gewählt. Aufgrund seiner Lage am Ende der Insel beim Leuchtturm Markelsdorfer Huk mit Ostsee- und Binnenseeanbindung ist er hervorragend zum Baden und Surfen geeignet. Auch für Bordhund Henry ist der Platz dank Auslauf, dem nahe gelegenen Wald und der Möglichkeit an den Strand zu gehen, perfekt. Gerne wären wir noch geblieben, aber für heute haben wir ein ganz besonderes Ziel gewählt. Sie dürfen noch verweilen und genießen, bevor Sie uns folgen.

◀ Die Arwed Emminghaus im Museum von Burg ▶ Aalkate Lemkenhafen

▲ Der Hafen von Burg auf Fehmarn ◀ Kann man besichtigen – den alten Speicher in Burg ▶ Das Naturschutzgebiet von Wallnau

WASSERVOGELRESERVAT WALLNAU

Das **NABU Wasservogelreservat Wallnau** ist eines der bedeutendsten Schutzgebiete für ziehende Vögel in Deutschland und das größte Naturschutzzentrum des NABU (Naturschutzbund Deutschland e.V.). Das ehemalige Teichgut Wallnau liegt an der Westküste von Fehmarn und umfasst ein knapp 300 Hektar großes Gebiet an Teichen, Schilfflächen, Wiesen sowie einen Teil der Ostsee und des Strandsaumes. Das Naturschutzzentrum beherbergt eine Ausstellung zum Vogelzug sowie einen kleinen gastronomischen Betrieb.

Das aus Teichen, Schilfflächen, Feuchtwiesen und kleineren Gehölzen bestehende Gebiet war ursprünglich eine Bucht in der Ostsee, bevor sich ein Nehrungshaken bildete und den entstehenden Binnensee vor 400

Jahren von der Ostsee trennte. Im 19. Jahrhundert wurde das Gebiet trockengelegt und zahlreiche Fischteiche wurden angelegt. Insgesamt entstand dabei ein 575 Hektar großes Areal. Schon 1977 wurde das Gebiet als Naturschutzgebiet ausgewiesen, um die in dem Naturschutzgebiet brütenden und rastenden Vogelarten zu schützen. Um die Lebensräume dieser Vögel zu optimieren, wurden in einigen Bereichen landschaftsgestalterische Maßnahmen durchgeführt.
Das Angebot im Wasservogelreservat ist so umfangreich und interessant, dass nicht nur Kinder und Jugendliche, sondern auch Erwachsene gut und gerne einen ganzen Tag hier verbringen können. Zu dem Naturpfad, dem Tast- und Schnupperpfad und dem Aussichtsturm kommen je nach Saison noch verschiedene Führungen und Mitmachprogramme. Oder möchten Sie mal bei einer Vogelzählung helfen? Erkundigen Sie sich vorher im Internet oder telefonisch. Für das leibliche Wohl sorgt das Bistro mit speziellen Mittagsmenüs oder selbstgemachten Kuchen zur Kaffeezeit und ein Plätzchen für ein Picknick findet sich auch immer. Auch hier gilt – Hunde an der Leine sind erlaubt. Eine kleine Anekdote zum Schluss: Am Rand des heutigen NABU-Reservats fand 1970 das Love-and-Peace-Festival, ein mehrtägiges Musikfestival, statt, bei dem Jimi Hendrix seinen letzten Auftritt vor seinem Tod hatte. Ein Gedenkstein erinnert heute daran.

WIE SOLLTE ES anders sein, im Norden regiert frischer Fisch die Speisekarte. Der erwartet uns auch an der Aalkate in Lemkenhafen, seit mehr als 30 Jahren die Institution für Fischveredlung auf der Insel. Hier gibt es Lachs, Makrelen, Heilbutt, Hering und natürlich Aal frisch aus den eigenen Räucherkammern, dazu ein Restaurant, einen Imbissbereich und einen großen Garten mit Sitzgelegenheiten bis ans Wasser, von wo aus man sogar in der Ferne die Brücke über den Sund sehen kann. Auch die Fischbrötchen werden frisch aufgeschnitten und nach Wunsch belegt.

Den Ort **Lemkenhafen** wollen wir dabei nicht vergessen. Backsteinhäuser, kleine Katen und alte Bauernhöfe reihen sich aneinander. Bei einem Rundgang entdeckt man liebevoll angelegte Obst-, Gemüse- und Kräutergärten.

▲ Die Fehmarnsundbrücke als schnelle Verbindung

◀ Blütezeit an der Ostsee ▶ Im flachen Wasser vor Lemkenhafen

AUF EINEN BLICK

Info

STADT/REGION: Insel Fehmarn, Schleswig-Holstein
BESTE REISEZEIT: April bis Ende Oktober
OPTIMALE REISEDAUER: 2–3 Tage
TOURISTINFO: Touristinformation Fehmarn, Burgtiefe, Zur Strandpromenade 4, 23769 Fehmarn, Tel. 04371/506-300, www.fehmarn.de
KARTE: Kümmerly + Frey 1:275 000, Karte 2 Deutsche Ostseeküste

SEHENSWÜRDIGKEITEN

NABU WASSERVOGELRESERVAT WALLNAU: Wallnau 4, 23769 Fehmarn, Tel. 04372/10 02, www.wallnau.nabu.de
AALKATE LEMKENHAFEN: Königstraße 22, 23769 Fehmarn, Tel. 04372/532, www.original-aalkate-fehmarn.de

WOHNNMOBILSTELLPLATZ AM KOMMUNALHAFEN

ADRESSE: Am Binnensee 54, 23769 Fehmarn, Tel. 04371/50 63 20, www.fehmarn-info.de
GPS: N 54°25'13", E 11°11'33"
Einfacher Stellplatz für 15 Wohnmobile auf dem Parkplatz am Hafen Burgstaaken, € 10 je Wohnmobil, ganzjährig nutzbar, kein Strom, keine Ver- und Entsorgung

◀ Das Besucherzentrum des NABU Wallnau ▶ Idyllische Orte mit viel Grün

Stellplatz vor dem Camping Fehmarnbelt

STELLPLATZ CAMPING FEHMARNBELT

ADRESSE: Altenteil 21, 23769 Fehmarn, Tel. 0172/687 33 15, www.camping-fehmarnbelt.de

GPS: N 54°31'42", E 11°5'51"

Anlaufstelle für viele Surfer. Auf der einen Seite der Binnensee und auf der anderen Seite die Ostsee. Vor der Schranke befindet sich auf Sand der »Campingbus«-Stellplatz (auch für Wohnmobile geeignet) mit Strom und direktem Zugang zu einem sehr schönen breiten Strand. Hunde sind erlaubt.

BELT-CAMPING-FEHMARN

ADRESSE: Altenteil 24, 23769 Fehmarn. Tel. 04372/391, www.belt-camping-fehmarn.de

GPS: N 54°31'43", E 11°5'37"

Der Campingplatz liegt wunderschön auf der Nordwestspitze der Insel – direkt zwischen Naturschutzgebiet Nördliche Seeniederung und der blauen Ostsee mit Blickrichtung Dänemark. Die Wohnmobilstellplätze mit einer komfortablen Größe von etwa 80 m² liegen direkt am Anfang des Campingplatzes. Für das leibliche Wohl wird im Café und Restaurant Bella Italia mit einer schönen Sonnenterrasse gesorgt. Im angeschlossenen Kiosk bekommt der Gast alle Artikel des täglichen Bedarfs.

TRAVEMÜNDE

Vielfalt in der Lübecker Bucht

Am Kirchplatz von Travemünde

5

Es muss nicht immer Lübeck sein, das wird man nach einem Besuch von Travemünde feststellen. Die Lübecker Bucht mit ihrer vielfältigen Natur läuft am Ende wie ein Trichter spitz zu und endet in Travemünde vor der Hauptstadt des Marzipans.

Nicht, das wir Ihnen den Besuch der Stadt ausreden möchte, aber für ein verlängertes Wochenende bietet das Areal so viel Abwechslung, dass es schade wäre, sich auf einen Stadtbesuch zu beschränken. Darum konzentrieren wir uns mehr auf das vorgelagerte Travemünde mit seinem Wohnmobilstellplatz. Travemünde ist ein Stadtteil der Hansestadt Lübeck, der direkt an der Mündung der Trave in der Lübecker Bucht liegt. Die Landzunge Priwall trennt den Zugang zur offenen See und schützt den dahinter liegenden Hafen. Alle Schiffe, auch die Fährschiffe, die uns Wohnmobilisten nach Skandinavien bringen, müssen durch diese Enge, um in die Lübecker Bucht und auf die offene Ostsee zu gelangen.

UMFANGREICHES ANGEBOT

Die Travemünder Wohnmobilstellplatz-Landschaft hat sich mit der Schließung des einfachen Platzes am Hafen völlig neu aufgestellt. Es gibt nördlich vom Ortskern den altbekannten Stellplatz am Kowitzberg, unweit davon den privaten Platz am Bauernhof der Familie Evers und den neuen städtischen Platz an der Travemünder Landstraße. Auf der anderen Uferseite befindet sich dann noch der Stellplatz am Priwall, eigentlich die schlechteste Wahl, da man immer das Wasser queren muss. Vom Stellplatz an der Travemünder Landstraße geht es bequem am Fischereihafen vorbei Richtung Altstadt mit ihren alten Fischerhäusern oder zum Einkauf.

AM YACHTHAFEN gibt es den besten Backfisch. Das als Imbiss bestellte Backfischbrötchen wird frisch zubereitet. Das dauert zwar mehr als zehn Minuten, entpuppt sich dafür aber schon fast als komplette Hauptmahlzeit!

REISE IN DIE VERGANGENHEIT

Am zentralen Platz vor der Kirche St. Georg präsentiert sich ein schmuckes Häuserensemble, das uns ein wenig in vergangene Zeiten zurückversetzt.

5

Aus etwas Entfernung erkennt man das kleine Schifffahrtsmuseum, welches zu einem informativen Rundgang durch die Geschichte der Seefahrt und Fischerei einlädt. Viele Exponate wurden hier gesammelt oder von den Seebären längst vergangener Tage gestiftet. Die original Fischer- und Kapitänshäuser vermitteln einen lebhaften Eindruck von der Zeit, als fast alle Einwohner noch von dem Meer lebten. Das schönste aller Gebäude ist die restaurierte »Alte Vogtei« in der Vorderreihe 7 an der Promenade. Hier residierte bis Anfang des 19. Jahrhunderts der Vogt, Hafenkommandant und Hüter des Leuchtfeuers in einer Person. Im historischen Ambiente sind heute ein Restaurant, ein Künstlercafé, ein Weinkabinett und die Galerie der Malerin Ninette Matthiesen untergebracht. Hinter der Vogtei sieht man schon Kirche die St. Lorenz und in der danebenliegenden Jahrmarktstraße findet man mit der Nummer 13 das älteste Fachwerkgebäude der Stadt. Seit dem 16. Jahrhundert gehen hier die Menschen vorbei, hinab in den Baggersand zum Fischereihafen. Auch heute kann man direkt von Bord frischen Fisch kaufen oder für den Hunger zwischendurch ein leckeres Fischbrötchen erstehen.

Bootshäuser am Yachthafen

▲ Das Hafenviertel im neuen Glanz ◀ Bummel durch den Hafen
▶ Hier gibt es den leckersten Backfisch.

EBENFALLS FUSSLÄUFIG an der Travemündung beim Passathafen, am Priwall mit seinen Hunderten von Segelyachten (nur während der Segelsaison), liegt die Viermastbark Passat als Museumsschiff und Wahrzeichen. Die Passat wurde 1911 als Getreide- und Salpeter-Transporter gebaut, 1959 von der Hansestadt Lübeck vor dem Abwracken gerettet und 1978 unter Denkmalschutz gestellt. Sie umsegelte 39-mal Kap Hoorn und umrundete zweimal die Welt. Als Besonderheit hat sie auch ein Standesamt. Die Masten sind 56 Meter hoch und in der Weihnachtszeit sind sie mit Lichterketten über den Mastenden geschmückt, die jeden Abend leuchten. Sie kann besichtigt werden, wobei auch 98 Kojen und eine Kapitänssuite zu einerÜbernachtung einladen. Die authentische Darstellung der verschiedenen Bereiche unter Deck gewährt einen interessanten Einblick in den Alltag der Seeleute, die oft Monate an Bord verbrachten. Liebevoll sind die Räume ausgestattet und doch täuscht die romantische Stimmung über die schwere Seemannsarbeit hinweg.

▲ Hafenausfahrt von Lübeck-Travemünde ◀ Perfekt restaurierte Kapitänshäuser aus dem 18. Jahrhundert ▶ Schöne Einblicke im Seefahrtsmuseum

Tipp

Natürlich kann man das Land und die Küste auch vom Wasser aus bestaunen, denn diese Sichtweise vermittelt ganz andere Eindrücke. Von den Wohnmobilstellplätzen sind es zum Anleger Timmendorfer Strand gerade mal zehn Kilometer mit dem Fahrrad auf dem Ostseeradweg, der einen immer an der Wasserlinie entlangführt. Gegen Mittag startet dann das Traditionsschiff »Hanseat II« der Reederei Belis zu einer Tour quer über die Lübecker Bucht zum Ostseebad Boltenhagen. Dort hat man zwei Stunden Aufenthalt, um die Promenade oder den Kurpark mit mehr als 4000 Pflanzenarten zu erkunden. Im angrenzenden Kurhaus gibt es dazu noch viele Fotografien aus der Geschichte der beginnenden Bäderkultur im 19. Jahrhundert zu sehen. Da die Ostsee in diesem Gebiet nur einen Tidenhub von etwa 30 Zentimeter hat, sind die Fahrpläne mit ihren Abfahrtszeiten immer verbindlich. Bei dem mehr als sechsstündigen Törn hat man viel Zeit zum Genießen von Seeluft, Wind und Wellen. In Verbindung mit der Anfahrt mit dem Rad erlebt man einen traumhaften maritimen Tag!

5

Wer etwas die Einsamkeit oder Ursprünglichkeit einer typischen Ostseelandschaft vermisst, sollte vielleicht ein wenig verlängern oder den Aufenthaltsort nochmal wechseln. Denn zur Weiterfahrt gibt es von der Travemünder zur Mecklenburger Seite eine Fährverbindung, mit der man einige Kilometer sparen kann. Hier war bis zur Wiedervereinigung der beiden deutschen Staaten der direkte Verlauf der Staatsgrenze, der bei einem ausgeschilderten Rundgang besichtigt werden kann. Die Fähre ist für Wohnmobile ohne Gewichtsbeschränkung geeignet und kann zur Fortsetzung der Fahrt in den »Klützer Winkel« genutzt werden. An Boltenhagen vorbei folgt man der Beschilderung zum Feriendorf Wohlenberg. Der kleine Stellplatz für sechs Wohnmobile liegt inmitten der schönen Feld- und Wiesenlandschaft nur wenige Meter vom Strand entfernt. Hier ist es nie überlaufen und Kinder können auch die Spielanlagen nutzen. Am Abend kann man es sich auf der alten Anlegestelle bequem machen und die stimmungsvolle Atmosphäre aufnehmen.

Eine Legende wartet auf Besuch – der Viermaster Passat.

AUF EINEN BLICK

Info

STADT/REGION: Travemünde, Schleswig-Holstein
BESTE REISEZEIT: April bis Ende Oktober
OPTIMALE REISEDAUER: 2–3 Tage
TOURISTINFO: Touristinformation Travemünde am Strandbahnhof, Bertlingstraße 21, 23570 Travemünde, Tel. 0451/889 97 00, www.travemuende-tourismus.de
KARTE: Kümmerly + Frey 1:275 000, Karte 2 Deutsche Ostseeküste

SEHENSWÜRDIGKEITEN

VIERMASTBARK PASSAT: Priwallpromenade 3a, 23570 Lübeck
KURPARK BOLTENHAGEN: Mittelpromenade 16, 23946 Ostseebad Boltenhagen

WOHNMOBILSTELLPLATZ TRAVEMÜNDER LANDSTRASSE

ADRESSE: Travemünder Landstr. 300, 23570 Travemünde, Tel. 04502/80 40, www.travemuende-tourismus.de
GPS: N 53°57‘16“, E 10°51‘18“
Neu angelegter Stellplatz für 50 Wohnmobile, € 8-12 je nach Saison, zzgl. Kurtaxe für Erwachsene inkl. Ver- und Entsorgung/Strom, Untergrund mit Asphalt/Rasengittersteinen, geeignet für große Wohnmobile, liegt in Gehweite zum Hafen und zur Altstadt

Strand und Seebrücke von Boltenhagen

▲ Badestrand Travemünde ▼ Wohnmobilstellplatz Travemünde

WOHNMOBILSTELLPLATZ CAMPING WALKYRIEN IN BLIESDORF

ADRESSE: Strandweg 26, 23730 Schashagen,
Tel. 04562/67 87, www.camping-walkyrien.de

GPS: N 54°7'10", E 10°55'15"

Separater Wohnmobilpark mit Strom vor dem Campinggelände und einem herrlichen Panoramablick auf die Ostsee und den Wald. Sehr große Stellplätze auf Rasen. Die exklusiven Sanitäreinrichtungen des Geländes sowie SB-Shop, Gastronomie usw. können mitbenutzt werden.

WISMAR MIT INSEL POEL

Alte Hansestadt im neuen Glanz

Die Poeler Kogge Wissemara

6

Seit 2002 gehört die Altstadt Wismars gemeinsam mit Stralsund zum UNESCO-Weltkulturerbe »Historische Altstädte«. Im alten Hafen spürt man das unverwechselbare Flair von Seefahrt, Fischerei und Hanse.

Denn auch dem mittelalterlichen Städte- und Handelsbund der Hanse gehörte die Stadt an. Wenn die reich beladenen Koggen der Kaufleute anlegten, wurde im Hafen ausgiebig um die Waren gefeilscht, während die Fischer beste Preise für ihre frisch gefangenen Fische aushandelten. Nach getaner Arbeit wurden in den Kneipen derbe Seemannslieder gesungen und viel Seemannsgarn gesponnen.

Heute beherrschen Kutter, Barkassen, Yachten und Passagierschiffe den Alten Hafen. Fischer laden mit ihren Kuttern zur zünftigen Seefahrt oder zum Dorschangeln ein. Am Wochenende treffen sich viele Einheimische und Touristen auf dem Fischmarkt – natürlich um frischen Fisch zu kaufen und das lebhafte Hafentreiben zu genießen. Einmal im Jahr laden die Wismaraner zum großen, bunten Hafenfest ein. Dann drängeln sich wie in alten Zeiten große Segelschiffe im Hafenbecken. Beim Anblick der historischen Segler packen auch die letzte Landratte die Abenteuerlust und das Fernweh...

GESCHICHTLICHES

Die Hansestadt Wismar liegt am südlichen Ende Wismarer Bucht, die durch die Insel Poel geschützt wird. Wismar war früh Mitglied der Hanse und prosperierte im Spätmittelalter, was noch heute im Stadtbild sichtbar ist. Nach dem Dreißigjährigen Krieg kam Wismar unter schwedische Herrschaft, die erst im Jahr 1803 endete. Daran erinnert noch heute das jährlich im August stattfindende Schwedenfest. Im Zweiten Weltkrieg wurde die Stadt durch Bombenangriffe schwer getroffen. Nach der deutschen Wiedervereinigung wurde ihr historischer Stadtkern umfassend saniert. Heute ist Wismar die sechstgrößte Stadt und eines der 18 Mittelzentren des Landes Mecklenburg-Vorpommern.

In Gehweite zur Altstadt und zum Hafen geht das Wohnmobil mit seiner Besatzung vor Anker. Der Stellplatz am Westhafen bietet erstaunlich viel Fläche, sodass auch Markise, Tisch und Stühle bequem zum Einsatz kommen können. An Wochenenden und vor Feiertagen empfiehlt es sich zur

6

frühen Mittagszeit vor Ort zu sein. Dann sind viele schon weitergezogen und die anderen sind noch nicht da. Die etwa 45 000 Einwohner Wismars bemühen sich sehr darum, dass sich die Gäste wohlfühlen. Der Tierpark, das phanTechnikum, das Museum für Stadtgeschichte, der Bürger- und Lindenpark, der Stadtstrand und das Wohlenberger Wiek für Sonnenanbeter oder Wasserratten, Drehort für die Krimiserie SOKO Wismar, dazu noch die Poeler Kogge, die Stadtkirchen und der wunderschöne Alte Hafen machen Wismar zu einem echten Ganzjahresziel für Wohnmobilisten jeden Alters.

◀ Gastro-Tipp Altes Brauhaus ▶ Fotomotiv »Schiefes Brückenhaus«

Der wunderschöne Marktplatz von Wismar

ABENDLICHER RUNDGANG

Besonders reizvoll ist ein Sommerrundgang durch die Altstadt, den man am späten Nachmittag beginnen sollte. Die Backsteine haben die Wärme des Tages gut gespeichert und geben diese auf eine angenehme Art und Weise an die Umgebung ab. Ein Mix quer durch alle Generationen belebt dann die Stadt mit ihren urigen Kneipen und schönen Cafés. Durch die vielen Studenten aus aller Herren Länder ist Wismar erstaunlich jung und aufgeschlossen. Ein Schiff im Treppenhaus, die Kneipe Volkskammer oder der Backfisch Maik am Hafenbecken gegenüber dem alten Zollhaus – überall gibt es Sehenswertes, das nur darauf wartet, von Ihnen entdeckt zu werden.

Apropos Altes Zollhaus, in diesem historischen Gebäude befindet sich auch unser Restaurant-Tipp: Das italienische »Il Casale« verwöhnt Sie nicht nur mit Spezialitäten der sizilianischen Küche, sondern auch mit Pizza und selbstgemachtem Eis. Bei schönem Wetter ist es einfach toll auf dem großen Platz zu sitzen und den Abschluss des Tages zu genießen. Das Preis-Leistungs-Verhältnis der gastronomischen Betriebe ist insgesamt als sehr gut zu bezeichnen. Ob das Brauhaus am Lohberg von 1452, das American Diner am Kanal oder der Alte Schwede am Marktplatz, hier findet sich für jeden Geschmack das richtige. Für maritime Fans ist ein Besuch der Poeler Kogge Wissemara fast schon ein Muss.

DIE POELER KOGGE WISSEMARA ist der größte in Europa vorhandene Nachbau einer mittelalterlichen Kogge. 1997 wurde in der Bucht vor Timmendorf das bislang größte Schiffswrack der Hansezeit entdeckt. Es handelt sich um eine spezielle Variante einer Kogge, die in einem sehr guten Zustand erhalten war. Die erfolgreiche Bergung des Wracks und die dann folgenden Untersuchungen zeigten, dass das Schiff um das Jahr 1354 aus geschlagenem Kiefernholz gebaut worden war. Der Rumpf des vor der Insel Poel gesunkenen Schiffes zeigt in einzelnen Konstruktionselementen Parallelen zu den Schiffen der Wikinger und Slawen, sodass es als eine spezielle, für die Ostsee entwickelte Form der Koggen gesehen werden kann. Das Schiff hat eine Länge von 31 Metern und eine Ladekapazität von mehr als 200 Tonnen. Schiffe dieser Größe waren die Grundlage für den zur Hansezeit typischen überregionalen Transport von Massengütern und damit die Basis für die wirtschaftliche Macht und den Aufstieg der Hansestädte an der Ost- und Nordsee. Ab 18 Euro pro Person können Sie bei einem »Törn« dabei sein. Förderverein Poeler Kogge e.V., Baumhaus Am alten Hafen, 23966 Wismar, Tel. 03841/30 43 10, www.poeler-kogge.de.

◀ Stadtbekannt: Der »Backfisch Maik« an der Hafenmole

▶ Der Poeler Forellenhof mit Restaurant und Stellplatz

▲ Der Timmendorfer Strand ▼ Der Hafen auf Poel

INSEL POEL

Ein verlängertes Wochenende in Wismar ohne die Insel Poel zu besuchen, geht eigentlich gar nicht. Die Insel gehört zu den schönsten und ursprünglichsten Landschaften an der Ostseeküste. Man kann sie wunderbar mit dem Fahrrad, den öffentlichen Verkehrsmitteln oder am besten mit dem Wohnmobil zu einer Übernachtung ansteuern. Die amtsfreie Gemeinde **Ostseebad Insel Poel** umfasst die Insel sowie die nordöstlich vorgelagerte Insel Langenwerder. Der Hauptort der Gemeinde ist Kirchdorf. Mit 36 Quadratkilometern Fläche ist Poel die siebtgrößte deutsche Insel. Sie ist über einen befahrbaren Damm von Groß Strömkendorf nach Fährdorf mit dem Festland verbunden. In puncto Ruhe und Natur setzt sie abseits der befahrenen Straßen noch eins oben drauf. Es ist ein Genuss, bei geöffnetem Fenster zu cruisen und den Duft der Insel einzuatmen.

6

GESCHICHTE VOM 19. JAHRHUNDERT BIS HEUTE

Im Jahr 1803 zahlte Herzog Friedrich Franz I. von Mecklenburg einen Kredit von 1,25 Millionen Reichstaler an Schweden und bekam aufgrund des Malmöer Pfandvertrages für 99 Jahre die Rechte an Poel zurück. Die schwedische Krone verzichtete 1903 auf die Einlösung des Pfandes und Poel fiel an Mecklenburg zurück. Seit 1927 gibt es eine feste Straßenverbindung zum Festland. Nach Kriegsende gehörte Poel zur sowjetisch besetzten Zone Deutschlands, ab 1949 zur Deutschen Demokratischen Republik. Nach dem Fall der innerdeutschen Grenze konstituierte sich am 19. Dezember 1989 in Kirchdorf der Runde Tisch der Gemeinde. Im Mai 1990 fanden die ersten demokratischen Wahlen zur Gemeindevertretung statt. Poel verfügt über drei Häfen: Kirchdorf, Niendorf und Timmendorf-Strand. Während der Hafen Kirchdorf von Mai bis September etwa dreimal täglich mit Wismar durch ein kleines Personenschiff verbunden ist (Fahrtzeit eine Stunde), dient der Hafen Timmendorf-Strand überwiegend der Fischerei. Alle Häfen verfügen auch über Liegeplätze für Sportboote.

Selbstverständlich könnte man aufgrund der Größe Poels die Inselrunde nach wenigen Stunden beenden. Doch das wäre eindeutig schade. Unsere erste Station ist der Wohnmobilstellplatz am Forellenhof Poel in Niendorf. Er liegt direkt am Wasser mit Blick zum Niendorfer Yachthafen. Die Betonfläche ist nicht gerade schön, lässt sich dafür aber bei jeder Witterung befahren und ist völlig plan. Sehr schön ist der Fischverkauf mit kleinem Imbiss, wo man abends nach Schließung auf den Bänken verweilen kann. Im vorderen Teil der Anlage ist auch noch ein Fischrestaurant ansässig. Sanitäranlagen mit Dusche sind ebenfalls vorhanden, alles in allem ein praktischer Stellplatz. Nur sieben Kilometer entfernt (die Insel ist klein) sind wir schon in Timmendorf. Von Weitem sieht man den Backsteinleuchtturm, der bereits seit 1872 mit seinem Sektionsfeuer in die Wismarer Bucht strahlt. In dem netten Ort fühlt man sich einfach sofort wohl. Der weitläufige Strand ist kinderfreundlich und garantiert tollen Badespaß, weil es ganz flach in das Wasser geht.

Am Ortseingang, auf einer schönen, befestigten Wiese, befindet sich der großzügige Wohnmobilstellplatz. Es gibt Duschen in Containern und Frischwasser gegen Gebühr. Von hier bis zum Strand sind es 400 Meter, zum alternativen Campingplatz am Leuchtturm sind es 300 Meter.

◀ Das Leuchtfeuer von Poel Timmendorf ▶ Freilaufende Pferde im Naturschutzgebiet Fauler See

Der kleinen Steilküste an der linken Strandseite folgend, gibt es einen sehr schönen Weg bzw. eine Wanderung, die zum Naturschutzgebiet Fauler See - Rustwerder führt. Noch ein Grund mehr, eine geruhsame Nacht hier zu verbringen.

WIR FOLGEN DEM oberhalb des Kliffs gelegenen Weg. Hier begleiten uns verschiedene Gräserarten sowie niederes Gehölz und ein toller Blick auf die Wiesen zur einen Seite und über die Wellen der Ostsee zur anderen. Am Ende sind wir am Parkplatz Rustwerder. Hier steht eine große Informationstafel zum Naturschutzgebiet und die Wegführung mit verschiedenen Aussichtspunkten, an denen man die Tiere beobachten kann (Fernglas nicht vergessen). Nach etwa sechs Kilometern sind wir zurück am Stellplatz. Die Route ist sehr leicht und abwechslungsreich.

▲ Blick über den Hafen von Niendorf zum Ort ◀ Sehenswert ist das Inselmuseum in Kirchdorf. ▶ Wohnmobilstellplatz Timmendorf Poel

Das Naturschutzgebiet **Fauler See - Rustwerder** umfasst 136 Hektar und befindet sich im Südwesten der Insel Poel. Das Ziel ist es, ein beweidetes Strandwallsystem unter Einschluss einer Brackwasserlage an der südwestlichen Ostseeküste zu schützen und zu erhalten.

Der »Faule See« ist eine nur bis 0,5 Meter tiefe, etwa 46 Hektar große Brackwasserlagune mit schlickigem Untergrund und hat eine Verbindung zur inneren Wismarbucht. Im Naturschutzgebiet findet man die typische Salzwiesenabfolge, welche die besondere botanische Wertigkeit der Flächen ausmacht. Die Beweidung mit Pferden und Rindern dient dem Erhalt der Salzwiesen. Als Brutvögel sind Rotschenkel, Austernfischer, Mittelsäger, Kiebitz, Säbelschnäbler, Kampfläufer und Sandregenpfeifer von Bedeutung. Der Faule See ist ein bedeutender Rastplatz und Schlafgewässer für rastende Zugvögel, insbesondere Schellenten und Singschwäne. Eine typische Amphibienart der flachen Brackwasserbereiche ist die Wechselkröte.

Das Schutzgebiet darf aufgrund der großen Störempfindlichkeit der Brut- und Rastvögel nicht betreten werden.

6

EBENFALLS SEHR SCHÖN ist die Fahrradroute entlang der wenig befahrenen Landstraße nach Kirchdorf. Der Radweg führt an Alleen und Feldrändern entlang und verläuft das letzte Stück parallel zum Kirchsee. So ergibt sich ein schöner Querschnitt der Insel-Landschaft. Zurück folgen wir der Beschilderung Richtung der alten Hofanlage Kaltenhof. Hinter Kaltenhof geht es dann die kleine Strandpromenade entlang bis zum Ende. Der Verlängerung folgen wir gut zwei Kilometer, dann sind wir wieder in Timmendorf. Die Gesamtlänge der Strecke beträgt etwa acht Kilometer und ist aufgrund der Topografie auch sehr gut für Kinder geeignet. Es gibt viel zu sehen und zu entdecken, sodass mit Kindern durchaus eine Halbtagestour daraus werden kann. Besonders zu empfehlen ist das Inselmuseum in Kirchdorf, da es auch einen sehr schönen Außenbereich hat.

In Kirchdorf gab es bis in das 18. Jahrhundert eine große Festungsanlage, die einmalig in ihrer Bauweise ist. Sie war das Lebenswerk des bekannten Festungsbauers Ghert Evert Piloot, ein stolzes Gesamtobjekt auf 24 Hektar Fläche, in deren Zentrum es eine Kirche, ein Schloss mit Unterkunftsgebäuden, Wirtschaftsgebäuden, Stallungen, Versorgungseinrichtungen und vielem anderen mehr gab. Auch ein einmaliger Schlossgarten gehörte dazu. Mit Fertigstellung im Jahr 1618 begann der Dreißigjährige Krieg. Während des Krieges wurden die Gebäude der Festung stark zerstört und verfielen mit der Zeit zusehends. Schließlich waren von der Festungsanlage nur noch einige unterirdische Gänge, Kellergewölbe und Grundmauern vorhanden. Im 19. Jahrhundert haben die Poeler die Ruinen der Festung abgetragen und mit den Steinen ihre Häuser gebaut. Von der gesamten ehemaligen Festungsanlage sind heute nur noch die Wallanlagen zu sehen.
Die Kirche, die schon 1258 fertiggestellt war und vom Baumeister geschickt in den Festungsbau mit einbezogen wurde, steht nach wie vor unversehrt auf ihrem Platz. Weil an einen Wiederaufbau so einer Festung aus heutiger Sicht nicht zu denken ist, wurde ein Teil dieser Anlage als Modell im Maßstab 1:10 auf dem Gelände des Inselmuseums errichtet, wo man es bestaunen kann.

AUF EINEN BLICK

Info

STADT/REGION: Wismar, Insel Poel, Mecklenburg-Vorpommern
BESTE REISEZEIT: April bis Ende Oktober
OPTIMALE REISEDAUER: 2–3 Tage
TOURISTINFO: Touristinformation Wismar, Lübsche Straße 23 a, 23966 Wismar, Tel. 03841/194 33, Stadtführungen Tel. 03841/22 52 91 21, www.wismar-tourist.de; Touristinformation Timmendorfer Strand, Timmendorfer Platz 10, 23669 Timmendorfer Strand, Tel. 04503/35 77-0, www.timmendorfer-strand.de
KARTE: Kümmerly + Frey 1:275 000, Karte 2 Deutsche Ostseeküste

SEHENSWÜRDIGKEITEN

POELER KOGGE WISSEMARA: Alter Hafen, 23966 Wismar, Tel. 03841/30 43 10
PHANTECHNIKUM: Zum Festplatz 3, 23966 Wismar, Tel. 03841/30 45 70, www.phantechnikum.de
TIERPARK WISMAR: Zum Festplatz 30, 23966 Wismar, Tel. 03841/70 70 70, www.tierpark-wismar.de
NATURSCHUTZGEBIET FAULER SEE – RUSTWERDER: 23999 Brandenhusen
FESTUNGSANLAGE KIRCHDORF: Burg Poel, 23999 Insel Poel

Viel Grün am Wohnmobilhafen Wismar

Großzügiger Stellplatz am Forellenhof Insel Poel

WOHNMOBILPARK WESTHAFEN WISMAR

ADRESSE: Schiffbauerdamm 12, 23966 Wismar, Tel. 0172/390 53 68 (Platzwart), 0172/388 40 03 (Büro), www.wohnmobilpark-wismar.de

GPS: N 53°53'39", E 11°27'01"

Ein schöner, grüner, ebener Platz mit großzügigen, befestigten Stellflächen. Fußläufig zur Altstadt. Standgebühren € 10 für 24 Std. inklusive Entsorgung, Müll und WC oder € 7 für 12 Std. inklusive Entsorgung, Müll und WC. Duschen gegen Gebühr, Hunde erlaubt, Reservierung möglich, sehr nette Kneipe am Platz

WOHNMOBILSTELLPLATZ AM FORELLENHOF NIENDORF

ADRESSE: Niendorf 13, 23999 Insel Poel, Tel. 038425/42 00, www.poeler-forellenhof.de

GPS: N 53°59'40", E 11°26'48"

Stellplatz für 15 Wohnmobile. Reservierter Teil des betonierten Parkplatzes des Forellenhofs, direkt an der Kaimauer zwischen Bootshafen und Räucherei, Imbiss und Restaurant am Platz, kein Schatten, WC vorhanden

CAMPINGPLATZ LEUCHTTURM

ADRESSE: Lotsenstieg 25, 23999 Timmendorf, Tel. 038425/202 24, www.campingplatz-leuchtturm.com

GPS: N 53°59'33.48", E 11°22'46.81"

Sehr großer, weitläufiger Campingplatz mit 600 Parzellen, davon 400 für Tourist-Camper, Surf- und Kiteschule direkt am Strand, FKK und Hundestrand ebenfalls direkt am Platz

VON GRAAL-MÜRITZ BIS AHRENSHOOP

Zwischen Ostsee und Saaler Bodden

Saftige Felder und Wiesen bei Ahrenshoop

7

Auch wenn der Streifen Land sehr schmal ist, gibt es hier doch erstaunlich viel zu entdecken. Das Dreieck zwischen den Orten Graal-Müritz, Ribnitz-Damgarten und Ahrenshoop ist begrenzt durch die offene See zur einen und den Binnensee des Saaler Bodden zur anderen Seite.

Gerade das macht dieses Gebiet so interessant. Denn die Landschaften bieten durch die verschiedenen Gewässertypen mit ihrer unterschiedlichen Flora und Fauna sehr viel Abwechslung. Am flachen Gebiet der Markgrafenheide vorbei geht es an die Grenze des ehemals getrennten Landes Mecklenburg und Vorpommern. Die Doppelstadt Ribnitz-Damgarten entstand 1950 durch Zusammenlegung der beiden Städte Ribnitz in Mecklenburg und Damgarten in Pommern. Beide Stadtvertretungen hatten sich gegen den Zusammenschluss der Städte ausgesprochen. Die damals Regierenden wollten aber jede Erinnerung an Pommern und die damit verbundene historische mecklenburgisch-pommersche Grenze auslöschen. Offiziell wurde die Notwendigkeit einer größeren Kreisstadt für den 1952 gebildeten Kreis Ribnitz-Damgarten vorgeschoben.
Das Flüsschen Recknitz bildet die natürliche Grenze zwischen Mecklenburg und Pommern. Die beiden Stadtteile Ribnitz und Damgarten werden auch heute noch durch die breite sumpfige Flussniederung getrennt. Der Übergang über die Recknitz wird auch Mecklenburger Pass genannt. Auf der mecklenburgischen Seite befindet sich unmittelbar am Fluss das Pass-Gehöft. Nach der politischen Wende wurden ab 1991 die historischen Stadtkerne von Ribnitz und Damgarten gründlich saniert. Seit 2009 führt Ribnitz-Damgarten die Bezeichnung Bernsteinstadt vor ihrem Namen. Etwas außerhalb liegt unser heutiges Ziel, das Naturschutzgebiet Ribnitzer Großes Moor mit dem nahegelegenen Natursee. Am Info-Zentrum Wald und Moor gibt es ausreichend Parkmöglichkeiten für Wohnmobile. Von April bis Oktober starten jeden Mittwoch um 10 Uhr kostenlose geführte Wanderungen in das Große Moor. Für die 7,5 Kilometer lange Strecke benötigt man etwa 3,5 Stunden. Die feuchten Wälder bieten besonders am Vormittag eine atemberaubende Kulisse, wenn die Wasserdämpfe als Nebelschwaden langsam vom weichen Boden nach oben steigen. Nicht nur Kinder, sondern auch so mancher Erwachsene erfährt viel Neues über Flora und Fauna der Landschaft. Nach der Rückkehr kann man sich

7

wunderbar in dem kleinen Gartencafé niederlassen und ein wenig stärken. Auch die angeschlossene private Naturschatzkammer mit Pilzmuseum verfügt über einige sehr ausgefallene Exponate aus Wald und Flur. Es gibt besonders große regionale Bernsteinfunde zu bestaunen. Wer gerne einen Abend im netten Ort Ribnitz-Damgarten verbringen möchte, dem sei der Wohnmobilstellplatz an der Gänsewiese empfohlen. Hier steht man sehr zentral und ist in wenigen Minuten zu Fuß in der Ortsmitte.

AN WARMEN TAGEN kann man sich nach der Tour de Moor im nur drei Kilometer entfernten Bernsteinsee erfrischen. Der See ist durch einen Damm geteilt, so dass Mensch und Tier ihr jeweils eigenes Areal für sich haben. Unser Teil verfügt über einen kleine Badestrand mit Schwimmbereich sowie eine Wasserskianlage, die sowohl Anfängern als auch Könnern zur Verfügung steht. Von der Terrasse der Gastronomie hat man einen schönen Ausblick auf beide Seiten des Sees und kann mit dem Fernglas auch seltene Wasservögel beobachten. Die Küche zeichnet sich durch moderne Speisen mit regionalen Zutaten aus.

◀ Saaler Bodden ▶ Das Kloster Stift in Ribnitz

▲ Die Seebrücke von Graal-Müritz ◀ Freizeitspaß für alle am Bernsteinsee
▶ Erlebnisreiches Waldzentrum von Ribnitz-Damgarten

Vom Badesee aus geht es nach links durch den kleinen Ort Klockenhagen auf die L 22, der wir einfach bis zum etwa sechs Kilometer entfernten Graal-Müritz folgen. Dort gibt es am Ortseingang das Hinweisschild zum Parkplatz Strandmitte, wo man mit dem Wohnmobil eine ruhige Nacht verbringen kann. Wer es komfortabler haben möchte, nutzt das Ostseecamp am westlichen Ortsrand. An beiden Stellen hat man fast unmittelbaren Zugang an den kilometerlangen Strand. Zu beiden Seiten scheint er eigentlich nicht enden zu wollen und ein einsames Plätzchen zu finden ist überhaupt kein Problem. Man sollte sich unbedingt die Zeit nehmen, einen ungestörten Sonnenaufgang zu erleben, denn es gibt hier keine Zivilisationsgeräusche von Straßen oder Ähnlichem, nur den Wind und die sanften Wellen der See.

7

Die nächste Etappe des Wochenendtrips führt uns nach Dierhagen. Abseits der Straße, in einer Sackgasse gelegen, entpuppt sich der Camping als sehr gemütlich und genau das richtige, um hier für Mensch und Motor eine Pause einzulegen. Der extra reservierte, vordere Teil des Campingplatzes bietet Platz für große Wohnmobile. Auch in der Vorsaison ist gut was los, aber die netten Betreiber finden für jeden ein Plätzchen. Selbst wenn der Himmel mal etwas bewölkt ist, entschädigt einen dafür der nicht sehr breite, aber scheinbar endlos wirkende Strand. Hunde sind erlaubt und können sich nach Herzenslust austoben. Dierhagen teilt sich, wie so oft an der Ostsee, in die Ortsteile Strand und Hafen, den wir am nächsten Morgen besuchen möchten. Bis in die Nacht sitzen wir gemeinsam mit einer bunt gemischten Gruppe Campingfreude am Lagerfeuer und grillen. Ob mit Fahrrad, Auto oder zu Fuß, Zelt, Caravan oder Wohnmobil spielt hier überhaupt keine Rolle, denn jeder genießt auf seine Weise die Freiheit und die Natur.

Der kleine und romantische Hafen von Dierhagen ist nur zwei Kilometer entfernt. Ein Ofen raucht und der Duft von frisch geräuchertem Fisch steigt uns in die Nase. Herrlich, dabei ist das Frühstück noch gar nicht so lange her.

Auch das könnte Kunst sein.

▲ Im Hafen von Dierhagen ◀ Küstenspezialität »Frisches Fischbrötchen«
▶ Geräucherter Fisch

7

BESONDERS SCHÖN sind die alten Segler (Zeesenboote), mit denen man auch einen Törn unternehmen kann. Eine Tour an Bord der »Hanne Nüte« gibt es bereits für 14 Euro pro Erwachsenem und 7 Euro pro Kind (www.boddenskipper.de). Skipper Peter Zobel kennt den Bodden und seine Besonderheiten wie kein anderer.

Unser absoluter Favorit ist allerdings Jan und sein alter Fischkutter, auf dem er die herrlichsten Fischleckereien frisch zubereitet und von Bord reicht. Ob Räucherfisch, Butterfisch, frisch belegte Brötchen oder Backfisch. Mein neuer Matjes erhält jedenfalls die Note 1+! Man sitzt am Ufer, blickt auf den in der Sonne schimmernden Bodden und genießt einfach den Moment der Zufriedenheit.
Für unseren nächsten Anlaufpunkt folgen wir der L 21 auf den südlichen Zipfel des Fischlandes bis zum Surfer-Parkplatz bei Wustrow. Auf dieser kleinen Landenge ist die Auswahl an geeigneten Parkplätzen für Wohnmobile nicht allzu groß. Doch für eine Übernachtung ist das Angebot annehmbar.

Der Boddenhafen von Wustrow

Am Strand von Dierhagen

UNSER TIPP ist eine etwa sieben Kilometer lange Rundwanderung entlang der Steilküste. Start ist am Parkplatz des Surfcenters Wustrow. Die kleine Siedlung wurde 1235 erstmals in einer Schenkungsurkunde an das Zisterzienser Kloster von Papst Gregor IX. erwähnt. Ab der Seebrücke folgen wir dem europäischen Fernwanderweg 9 »Atlantik-Nordsee-Ostsee«. Er führt uns auf den Hochuferweg (Wegweiser Ahrenshoop 3,5 km). Sanddornhecken, Rosenbüsche und Silberpappeln begleiten uns, vom Hochuferweg bietet sich ein herrlicher Ausblick auf den Strand, teilweise laden Bänke zum Verweilen ein. Nach etwa einem Kilometer folgt ein lockerer Sandweg, der zwischen Dünen oberhalb einer zerklüfteten Steilküste verläuft. An einer Barriere verlassen wir den Uferweg nach rechts und gelangen auf einen breiten Sandweg. Hier wenden wir uns nach links und wandern zwischen einem Feld und einem Gebüschstreifen weiter, bis rechts der Bakelberg als höchste Erhebung des Weges sichtbar wird. Von dieser kleinen Erhebung mit Sitzplatz genießen wir eine schöne Aussicht. Wir gehen zum Wanderweg zurück und folgen ihm weiter in Richtung Ahrenshoop. Vom Strand geht es weiter nach oben in den Ort. So gelangen wir nach einem zweistündigen Rundgang wieder zurück nach Wustrow und konnten neben dem stressfreien Parken diesen wunderbaren Küstenweg genießen. Wer möchte kann am Strandplatz des Surfcenters auch übernachten (Parken Tag € 6/Nacht € 7).

7

KÜNSTLERKOLONIE AHRENSHOOP

An manchen Tagen ziehen wahre Kolonnen von kunstverrückten Touristen durch die Gassen von Ahrenshoop. Sie sind auf Spur der legendären, überwiegend deutschen Maler, die sich während der Epoche der Impressionisten hier ganz oder zeitweise niederließen. Sie gründeten Ende des 19. Jahrhunderts eine Künstlerkolonie mit Malschule in Ahrenshoop. 1911 verbrachten Marianne von Werefkin und Alexej Jawlensky, die der Neuen Künstlervereinigung München angehörten, ihre Ferien an der Ostsee und besuchten nachweislich Ahrenshoop. Zur gleichen Zeit hielt sich der Brücke-Maler Erich Heckel im Landhaus Dorneneck auf. Ob er nach Ahrenshoop kam, ist nicht belegt. Werefkins Aufenthalt ist dagegen durch ihr Gemälde »Die Steilküste von Ahrenshoop« gesichert.
Einen Stellplatz kann man hier leider nicht empfehlen, darum ist es besser wenige Kilometer weiter auf den Darß zu fahren. Hier bietet sich dann der Campingplatz Regenbogen Camp in Born an.

Der Ahrenshooper liebt sein Dorf.

▲ Der Hafenweg in Ahrenshoop ▼ Das Hohe Ufer bei einem Spaziergang

AUF EINEN BLICK

Info

STADT/REGION: Graal-Müritz, Ahrenshoop, Mecklenburg-Vorpommern
BESTE REISEZEIT: April bis Ende Oktober
OPTIMALE REISEDAUER: 2–3 Tage
TOURISTINFO: Touristinformation Warnemünde, Am Strom 59/ Ecke Kirchenstraße, 18119 Rostock-Warnemünde, Tel. 0381/381 22 22, www.warnemuende.de
KARTE: Kümmerly + Frey 1:275 000, Karte 2 Deutsche Ostseeküste

SEHENSWÜRDIGKEITEN

NATURSCHUTZGEBIET RIBNITZER GROSSES MOOR: Infozentrum Wald und Moor, Ribnitzer Landweg 3, OT Neuheide, 18311 Ribnitz-Damgarten, Tel. 038206/144 44, www.ribnitz-damgarten.de
KÜNSTLERKOLONIE AHRENSHOOP: 18347 Ahrenshoop, www.ahrenshoop.m-vp.de/kuenstlerkolonie-ahrenshoop

Strandnaher Camping von Dierhagen

Luftbild vom Surfcenter Wustrow mit Stellplatz

CAMPINGPLATZ AN DEN STRANDDÜNEN

ADRESSE: Waldweg 5, 18347 Dierhagen, Tel. 038226/804 92, www.campingplatz-ennen.de

GPS: N 54°18'16", E 12°20'52"

Ebenes Wiesengelände mit einigen Bäumen, auf der Landseite des Deichs, am Ortsrand, etwa 350 m langer und 40 m breiter Sandstrand, Hundestrand direkt am Platz

WOHNMOBILSTELLPLATZ SURFCENTER WUSTROW

ADRESSE: An der Nebelstation 2, 18347 Wustrow, Tel. 038220/802 50, www.surfcenter-wustrow.de

GPS: N 54°20'26.85", E 12°22'49.16"E

Einfacher Stellplatz in direkter Strandnähe auf asphaltierten Untergrund. Zum Ort sind des ca. 500 m. Guter Ausgangspunkt für Wanderung nach Ahrenshoop

FISCHLAND-DARSS-ZINGST

Weitläufige Natur und Badefreuden

Traumstrände am Darß

8

Seit Anbeginn der Zeit formten Wind und Wellen die 45 Kilometer lange Küstenlinie der Halbinsel Fischland-Darß-Zingst. Am Weststrand von Darß wird eindrucksvoll sichtbar, welche Kraft die Natur besitzt, und man atmet die wohltuenden Reize des milden Küstenklimas.

Das sanfte Meer, der breite Sandstrand und die reine Ostseeluft sind der Dreiklang, der zu jeder Jahreszeit auf Deutschlands schönste Halbinsel lockt. Das ehemalige Fischer- und Seefahrerdorf Prerow liegt im Norden der Halbinsel Fischland-Darß-Zingst. Umgeben vom urwüchsigen Darßwald, von ausgedehnten Salzwiesen und seichten Boddengewässern, üben landschaftliche Gegensätze eine große Anziehungskraft aus. Auf mehr als fünf Kilometern Länge erstreckt sich ein feinsandiger und steinloser Strand in der Prerower Bucht, einem der schönsten Strände Europas. Stellenweise ist er bis zu 90 Meter breit. In der Bucht ist das Wasser so klar, wie wir es sonst eher vom Mittelmeer kennen. Durch den alten Baumbestand des Darßwaldes finden wir dank guter Beschilderung mühelos den Weg zum Darßer Ort oder zum wild-romantischen Weststrand. Sie gelten als die landschaftlich schönsten Orte an der deutschen Ostseeküste. Aber nicht nur das. Am Darßer Ort befindet man sich auch am nördlichsten Punkt der Halbinsel Fischland-Darß-Zingst.

DAS NATUREUM DARSSER ORT ist eine Außenstelle des Deutschen Meeresmuseums Stralsund. Die Anlage des Natureums beherbergt unter anderem den Leuchtturm Darßer Ort, von dem man eine herrliche Aussicht auf die Küste hat. Darüber hinaus findet man hier das Ostseeaquarium, den Strand- und Dünengarten sowie eine Ausstellung zur Tierwelt am Darß. Der Weg kann zu Fuß aber äußerst lang werden, also ist es besser, das Fahrrad zu nehmen oder sich vom Ortsende mit einer Kutsche fahren zu lassen.

Direkt vor Prerow liegt der Naturpark Vorpommersche Boddenlandschaft mitten im Wasser der Ostsee. Er erstreckt sich im Westen bis auf das Land an den Darßer Ort, nordwestlicher geht nicht – sonst gibt es nasse Füße. Für Prerow selbst ist eine weitläufige Bebauung charakteristisch. Viele alte Kapitänshäuser zieren das Ostseebad. Sie sind erkennbar an ihren kunstvoll gestalteten historischen Haustüren. Die Seeleute schnitzten und bemalten ihre Türen während langer Reisen auf dem Meer selbst. Am Ende des Prerower Stromes befindet sich der Prerower Hafen. Er ist nur von der Boddenseite aus zu erreichen. Hier wird jedes Jahr im Sommer das Drachenbootrennen, eines der beliebtesten Volksfeste der Gegend, ausgetragen.

CAMPINGPLATZ REGENBOGEN

Der Campingplatz Darßer Ort, heute Regenbogencamp, ist der flächenmäßig größte Campingplatz Deutschlands. Auf 38 Hektar verteilen sich etwa 1200 Stellplätze. Er liegt inmitten des Naturschutzgebietes, dies ist nur möglich, weil er bereits vor der Wiedervereinigung dort seit Jahrzehnten seine Heimat hatte. Grund genug für uns, trotz der Vorbehalte ob seiner Ausmaße, ihm einen unvoreingenommenen Besuch abzustatten. Es gibt wohl nicht viele Campingplätze, die über 2,5 Kilometer eigenen Strand verfügen oder sieben Sanitärhäuser, mehrere Restaurants und einen Supermarkt. Dimensionen, die man eher Anlagen am Mittelmeer zurechnet. Bereits der erste von zwei ausgewiesenen Stellbereichen für Wohnmobile liegt 1,5 Kilometer von der Rezeption entfernt. Vielleicht hätten wir doch besser die Fahrräder genommen! Erstaunlich ist die gesamte Naturlage des Platzes, zum Teil mitten im Wald. Dadurch entdeckt man immer nur Teilbereiche, die wiederum sehr klein gehalten sind. Warum die Wohnmobile nicht näher zum Strand können, erschließt sich uns dann ganz schnell. Die Wohnwagen werden mit Traktoren direkt in die Dünen und den Sand gebracht, Zufahrt für Pkw verboten. Das Programm für Kinder und Jugendliche ist riesig. Betreuungsprogramme für die Kleinsten, Disco für die größeren, Surfkurse, Kanufahren oder Kinoabende, hier fehlt es an nichts. Die etwa 200 Stellplätze für die Wohnmobile sind nicht parzelliert, sondern einfach in verschiedene Abschnitte eingeteilt. Alles in allem waren wir sehr überrascht über das Angebot und haben hier trotz anfänglicher Skepsis eine ruhige Nacht verbracht. Besonders beeindruckend ist es, die Sonne beim Aufgang über den sanften Wellen funkeln zu sehen.

▲ Der riesige Strand am Campingplatz Prerow ◀ Zingst mit Blick zum Bodden ▶ Windgebeugte Bäume am Leuchtturm Darsser Ort

Tipp

Weit verbreitet und ein Stück der Freiheit der Bürger der Deutschen Demokratischen Republik war die Freikörperkultur. Gerade in der älteren Generation wird diese Tradition fortgeführt und ist ein Stück weit Lebensphilosophie. Bis heute gibt es sogar Verbände, in denen die Anhänger des FKK Mitglieder sind und sich mit Verbänden anderer Länder austauschen. Also nicht wundern, wenn es noch viele Strandabschnitte gibt, die entlang der Ostseeküste Mecklenburg-Vorpommerns zu diesem Zweck freigegeben und bestimmt sind. Es werden Ihnen also vermehrt Menschen im »Adamskostüm« über den Weg laufen. Dies gilt zum Teil für ganze Campinganlagen (also nicht versehentlich auf einem »Nudistencamp« einbuchen), auf jeden Fall für Strandabschnitte, die zum Campingplatz gehören. Für viele hat es natürlich den Vorteil, dass man ungestört ein Sonnenbad für nahtlose Bräune nehmen kann. Aber nicht vergessen: Ausreichend Sonnenschutz ist wichtig.

8

ZINGST

Nur 13 Kilometer weiter erreichen wir den Ort Zingst, also einen der Namensgeber von Fischland-Darß-Zingst. Die Halbinsel Zingst liegt am östlichen Ende der Ostsee. Die Gemeinde Zingst umfasst fast die gesamte Halbinsel sowie die Inseln Kirr und Barther Oie. Die Gemeinde ist ein staatlich anerkanntes Seeheilbad und hat etwa 3000 Einwohner. Laut statistischem Bundesamt gab es im Jahr 2015 mehr als 1,7 Millionen Übernachtungen von 281 200 Besuchern. Diese Zahlen unterstreichen eindrucksvoll die Beliebtheit der Küsten von Mecklenburg-Vorpommern. Die kleine Insel Bock im Osten erstreckt sich fast bis Hiddensee. Vom Zingster Hafen laufen täglich Passagierschiffe zu Rundfahrten und Kurztrips aus. Eine Fährverbindung gibt es nicht.

Besonders schön sind die Wege um den Hafen. Hier findet man viel Abwechslung mit Strandgängen zur Seebrücke, Bootstouren und natürlich hafentypische Gastronomie bis hin zum Fischkutter. Vor dem Campingplatz Freesenbruch (ca. 1,5 Kilometer vom Hafen entfernt) befindet sich ein Wohnmobilhafen, den man praktischerweise rund um die Uhr anfahren kann. Der Preisunterschied zum Campingplatz ist nicht allzu groß, da man die Einrichtungen nutzen kann. Sehr empfehlenswert ist das Restaurant Deichgraf direkt vor Ort. Ausgewählte Fischgerichte und Fleischspeisen erfreuen den Gaumen. Auch Vegetarier und Burger-Fans kommen auf ihre Kosten.

Der Hafen von Zingst

Sehr interessant – das »Experimentarium«

EXPERIMENTARIUM ZINGST

Neben dem üblichen Freizeitprogramm am Strand bietet sich für alle Altersklassen ein Besuch des Experimentariums Zingst an. Eine Familienkarte (2 Erwachsene/2 Kinder) ist mit 16 Euro recht günstig und der großzügige Parkplatz (auch für Wohnmobile geeignet) kostenlos. Spielen, entdecken und lernen ist das Motto. Das Angebot ist einfach riesig und nicht nur für Kinder spannend. Alles ist zum Anfassen und Ausprobieren. Toll ist auch die Auswahl an Workshops mit einer Dauer zwischen drei und fünf Stunden, an denen die Kinder und Jugendlich ohne Begleitung teilnehmen können. Ergänzt wird das Indoor-Programm durch ein großes Freigelände mit weiteren Aktivitäten. Von uns gibt es auf jeden Fall ein »Daumen hoch«. Bleibt nur noch zu erwähnen, dass es über den Deich gerade mal 100 Meter zum weißen Ostseestrand sind. Somit steht einem perfekten Urlaubstag nichts im Wege. Wenn nach so viel Action der Hunger kommt, auch kein Problem. Ohne neue Parkplatzsuche machen Sie es sich im Restaurant Leuchtturm bequem und genießen frische Speisen zu zivilen Preisen in einer urigen Umgebung.

AUF EINEN BLICK

Info

STADT/REGION: Fischland-Darß-Zingst, Mecklenburg-Vorpommern
BESTE REISEZEIT: April bis Ende Oktober
OPTIMALE REISEDAUER: 2–3 Tage
TOURISTINFO: Tourismusinformation Zingst, Seestraße 56/57, 18374 Zingst, Tel. 038232/815 80, www.fischland-darss-zingst.de
KARTE: Kümmerly + Frey 1:275 000, Karte 2 Deutsche Ostseeküste

SEHENSWÜRDIGKEITEN

NATUREUM DARSSER ORT: Darßer Ort 1-3, 18375 Born am Darß, Tel. 038233/304, www.natureum-darss.de
EXPERIMENTARIUM ZINGST: Seestraße 76, 18374 Zingst, Tel. 038232/846 78, www.zingst.de

Die Wohnmobilstellplätze im Wald von Prerow

▲ Der Regenbogencamp direkt in der Düne ▼ Stellplatz Deichgraf

CAMPINGPLATZ REGENBOGEN PREROW

ADRESSE: Bernsteinweg 4-8,18375 Prerow, Tel. 038233/331, www.regenbogen.ag

GPS: N 54° 27‘ 16“, 12° 32‘ 52“

Die Ferienanlage in Prerow erstreckt sich über 2,5 km am Traumstrand von Prerow auf der Ostseehalbinsel Darß. Mit ca. 1200 Stellplätzen ist es ein kleines Dorf mit allen erdenklichen Einrichtungen.

CAMPINGPLATZ AM FREESENBRUCH

ADRESSE: Am Bahndamm 1, 18374 Zingst, Tel. 038232/157 86, www.camping-zingst.de

GPS: N 54°26‘26“, E 12°39‘38“

Der Wohnmobilhafen liegt direkt neben dem Campingplatz. Er bietet 40 parzellierte Stellplätze und unbeschrankte Zufahrtsmöglichkeit. Alle Plätze und Fahrwege des Reisemobilhafens sind mit Schotter befestigt. Die Parzellen fallen zwar etwas kleiner aus als die Stellplätze auf dem Campingplatz, besitzen aber einen Strom- und Frischwasseranschluss, einen Ausguss für Brauchwasser und einen TV-Anschluss.

▲ Camping und Strand Prerow ◀ Gut ausgebauter Ostseeradweg
▶ Weg zum Darßer Ort

BARTH UND BARHÖFT

Vinetastadt und Bodden-Landschaft

Hafenausfahrt Barhöft

9

Südlich der Halbinsel Darß-Zingst erstreckt sich Richtung Rügen ein sehr ruhiger Landstrich, der touristisch weniger erschlossen ist, weil die richtigen Highlights fehlen. Aber gerade das macht ihn besonders reizvoll und sehenswert.

Mit der **Vinetastadt Barth**, die am gleichnamigen Bodden liegt, hat man einen guten Einstieg ins Wochenende. Die 8900 Einwohner zählende Stadt liegt kurz vor der Doppelbrücke mit Zufahrt zur Halbinsel Darß-Zingst. Die meisten fahren auf der Umgehungsstraße Richtung Stralsund an Barth vorbei. Doch die Bezeichnung Vineta macht uns neugierig, und so wollen wir herausfinden, was es mit diesem Beinamen auf sich hat.
Auf dem Weg zur Altstadt durchfährt man das zum ehemaligen Schutzwall gehörende Dammtor aus dem 14. Jahrhundert und findet sogleich dahinter eine gute Parkmöglichkeit, die auch für große Wohnmobile geeignet ist. Der erste Eindruck nach dem Aussteigen strahlt Ruhe und Gemütlichkeit aus, auch wenn unser Gefährt beim Passieren des Tores einige Blicke auf sich zog. Das sonnige Wetter und der blaue Himmel verstärken das positive Erscheinungsbild der schönen Altstadt. Kurze Zeit später stehen wir vor dem **Vineta-Museum**, Volltreffer für weitere Erkundigen.

VERSUNKENE STADT

Als eine der Städte im Ostseeraum, die für sich in Anspruch nehmen, mit dem sagenhaften Vineta in Verbindung zu stehen, bezeichnet sich Barth als Vinetastadt. Diese Beziehungen sind wissenschaftlich nicht bewiesen. Die Geschichte der Stadt Vineta ist eigentlich nichts Besonderes, sie kommt in dieser oder abgewandelter Form in so ziemlich jedem Kulturraum vor, und auch auf den deutschen Sprachraum bezogen gibt es Dutzende von regionalen Varianten: Die reiche Stadt versank im Meer, weil ihre Bewohner überheblich und gotteslästerlich wurden – ein Motiv, dass wir auch von Atlantis her kennen. Wahrscheinlich ist die Vineta-Sage kein reines Märchen: Vieles deutet darauf hin, dass in der Gegend ein bedeutender Handelsplatz der westslawischen Wenden angesiedelt war. Anders ausgedrückt: Es ist völlig unwahrscheinlich, dass an einer so begünstigten Stelle – dieser Standortfaktor gilt übrigens für Barth, Wollin und Usedom gleichermaßen – kein Handelsplatz gewesen sein soll. Aber ist es überhaupt von Bedeutung, ob es diese Stadt Vineta jemals gegeben hat? Handelsstädte hat es an der pommerschen Ostseeküste zweifelsfrei gegeben, mit Sicherheit in Wollin, wo Überreste einer früheren Handelsstadt gefunden worden sind. Ob diese Stadt Vineta hieß, ob es Vineta überhaupt gegeben hat oder ob es einfach die Beschreibung einer Art Musterstadt war, das spielt eigentlich nicht wirklich eine Rolle. Für viele geht es um nichts anderes, als um den Mythos, der erhalten bleiben soll. Im Vinetamuseum erfahren wir neben Wissenswertem über die versunkene Stadt auch noch Interessantes über Peter Kraeft, den »Meeresbodenwanderer«, der in seiner altertümlich anmutenden Tauchausrüstung über den Meeresboden wandert.

Bleibt nach dieser Exkursion zu erwähnen, dass es noch einen schönen Seglerhafen mit Ausrichtung zum Barther Bodden gibt. Um hier die Nacht zu verbringen, bietet sich der Stellplatz beim Segler-Verein an. Von dort hat man einen schönen Blick auf das Wasser und kann wunderbar an der kleinen Hafenpromenade flanieren. Für ein schönes Abendessen mit regionaler Küche ist der Boddenkieker zu empfehlen. Wie der Name schon sagt, genießt man sein Essen mit Boddenblick und kann dabei wunderbar den nächsten Tag planen.

Der Marktplatz von Barth

Blick auf den Hafen und die Altstadt von Barth

QUER DURCHS LAND NACH BARHÖFT

Für das Navigationsgerät ist dies in keinem Fall eine direkte Route. Wir verlassen zunächst Barth in südlicher Richtung über die L 23, um dann nach vier Kilometern links Richtung Kenz abzubiegen. Von dort geht es über Orte Rubitz und Küstrow weiter nach Dabitz. Dieser Ort ist in den meisten Karten schon nicht mehr verzeichnet. Jetzt müssen wir nur noch einige 100 Meter weiter durchhalten, und schon stehen wir am kleinen Hafen mit Wasserwanderrastplatz und Stellplatz für fünf Wohnmobile. Dieser kleine Schwenk zeigt Ihnen auf wenigen Kilometern, was den besonderen Reiz einer Fahrt durch Mecklenburg ausmachen kann: alte Alleen, Felder im vollen Ährenstand, gespickt mit Kornblumen, Orte, die man eher als Häuseransammlung oder Weiler bezeichnet, Menschen die ihrer Feld- oder Gartenarbeit nachgehen. Zwischendurch entdecken wir die Ruinen einer alten landwirtschaftlichen Produktionsgenossenschaft oder einen Parkplatz an einer Beobachtungsstation für die herbstlichen Kranichzüge, der in dieser Stille fast zum Übernachten einlädt. Natürlich kann man auch im Weiler Dabitz am Hafen übernachten.

Entspannte Abendstimmung beim Rundgang um Barhöft

Wer möchte, kann jetzt sein Navigationsgerät wieder aktivieren und die Route nach **Barhöft** aufnehmen. Auf den restlichen Kilometern begleiten uns die nachhaltigen Eindrücke von Stille und Unberührtheit. Bis Barhöft erreicht ist, wird man noch den ein oder anderen Anlass für einen Stopp finden.

Der kleine Hafen der alten Lotsensiedlung Barhöft liegt in der beschaulichen Landschaft des Nationalpark Vorpommersche Boddenlandschaft. Durch seine besondere Lage ist der Hafen Drehscheibe zwischen Ostsee, Boddengewässer und Land, wodurch vielfältige Freizeitaktivitäten möglich sind. Fernab der großen Touristenströme ist die Ruhe einzigartig, die man hier vorfindet.

Seit 2015 gibt es hier einen sehr schön angelegten Wohnmobilstellplatz für 24 Fahrzeuge. Zwar hat er keinen Hafenblick, liegt dafür aber windgeschützt von drei Seiten mit Wald umgeben. Die Anmeldung erfolgt beim Hafenmeister und im Preis sind Strom, Ver- und Entsorgung sowie die Nutzung der Sanitäranlagen enthalten. Je nach Jahreszeit ergeben sich vielfältige Nutzungsmöglichkeiten des Hafens. So begegnet man im Frühjahr den Fischern und Anglern. Im Sommer treffen sich die Wasserwanderer aus ganz Europa. Ausflüge mit Fahrgastschiffen sind ebenso möglich. Nicht zu vergessen ist der kleine Strand, den viele Familien gerne besuchen. Für Hunde ist der nahe Auslauf ins Grüne eine willkommene Bereicherung. Im Herbst kommen die Fischkutter aus vielen Häfen Mecklenburg-Vorpommerns sowie Kranichtouristen aus allen Teilen Deutschlands. Im Winter tritt Ruhe ein, nur hartgesottene Angler beleben dann noch den Hafen. Ein Besuch Barhöfts mit Aussichtsturm und Nationalparkausstellung lohnt sich immer. Von hier blickt man auf die kleine Insel Bock mit ihrem Leuchtfeuer oder auch bis zur Insel Rügen. Besonders schön sind die weit ins Schilf vorgelagerten Aussichtsbänke, von denen aus man die Seevögel beobachten kann und beim Sonnenuntergang ein wenig ins Träumen kommt!

Gastronomisch bietet sich die Terrasse des Hotels an und in der Saison gibt es einen Imbiss, der auch für die frischen Brötchen am Morgen sorgt. Sollte mal gar nichts gehen, gibt es den besonderen Hol- und Bring-Service des Restaurants Kranich in Klausdorf (Tel. 038323/266 80).

WAS WÄRE EIN WOCHENENDE an der Ostsee ohne Wassersport? Neben Angeln kann man direkt vor Ort bei Sprenger Maritim alles ausleihen, was das Herz begehrt. Führerscheinfreie 15-PS-Motorboote kann man hier genauso mieten wie Kanus. Nach einer gewissenhaften Einweisung und Ausrüstung mit Rettungswesten kann das Vergnügen entlang der Küste des Boddens starten. Natürlich gibt es auch Stand-up-Paddel-Boards, mit denen man besonders geräuschlos an den Schilfgürteln entlangpaddeln kann. Übrigens kommt man bei schönem Wetter und einer Tagesmiete mit dem Motorboot bis an die Strände der Insel Hiddensee. Auch für den Wohnmobilstellplatz meldet man sich hier an.

◀ Der Yachthafen von Barth ▶ Der Hafen von Barhöft

AUF EINEN BLICK

Info

STADT/REGION: BArth, Barhöft, Mecklenburg-Vorpommern
BESTE REISEZEIT: April bis Ende Oktober
OPTIMALE REISEDAUER: 2–3 Tage
TOURISTINFO: Fremdenverkehrsamt Barth, Lange Str. 13, 18356 Barth, Tel: 038231/24 64, www.stadt-barth.de
KARTE: Kümmerly + Frey 1:275 000, Karte 2 Deutsche Ostseeküste

SEHENSWÜRDIGKEITEN

VINETA-MUSEUM: Lange Str. 16, 18356 Barth, Tel. 038231/817 71, www.vineta-museum.de

WOHNMOBILSTELLPLATZ SEGLERVEREIN BARTH

ADRESSE: Am Westhafen 15, 18356 Barth, Tel. 038231/820 21, www.barther-seglerverein.de
GPS: N 54°22‘20“, E 12°43‘30“
30 Stellplätze direkt am Hafen beim Seglerverein, € 12 inkl. Ver- und Entsorgung, Strom € 1, Dusche € 1, Altstadt/Innenstadt in Gehweite, Untergrund Rasen und Schotter, nutzbar von Mai bis September

Alte Alleenstraße nach Barhöft

◀ Die Turmdurchfahrt von Barth ▲ Der Stellplatz in Barhöft
▼ Aussichtsturm am Nationalpark

WOHNMOBILSTELLPLATZ HAFEN BARHÖFT

ADRESSE: Am Hafen 13, 18445 Barhöft, Tel. 038323/531, www.hafen-barhoeft.de

GPS: N 54°25‘55“, E 13°01‘40“

Ein kleiner Platz mit 24 Standplätzen (ca. 5 m × 10 m). Alle Standplätze sind mit Strom und Wasser versorgt. Der Stellplatz ist von drei Seiten mit Wald umgeben. Selbst bei starkem Wind ist es immer noch sehr ruhig. Ein kleines Sanitärgebäude ist vorhanden. Waschmaschine und Trockner vom Hafen können mitbenutzt werden. Hafen und Strand sind ca. 350 m entfernt. Reservierung möglich, ganzjährig nutzbar

HANSESTADT STRALSUND

Immer eine Reise wert

Altstadtkanal von Stralsund

Nicht nur Paris ist eine Reise wert, nein, die deutsche Ostküste kann mit der Hansestadt Stralsund ein ebenbürtiges, wenn auch ganz anderes Reiseziel bieten. Nicht umsonst wurde Stralsund zusammen mit Wismar in die Welterbeliste der UNESCO aufgenommen.

Seine glanzvollste Zeit hatte Stralsund in der Hansezeit, als es nach Lübeck die mächtigste Hansestadt im Ostseeraum war. Heute ist sie mit 60 000 Einwohnern die größte Stadt Vorpommerns. Man kann die Erzählung über die Geschichte Stralsunds natürlich im frühen 13. Jahrhundert mit der Gründung auf einem Inselhügel beginnen und entsprechend fortsetzen. Eine der prägendsten Epochen war aber sicherlich der Dreißigjährige Krieg mit der Belagerung und Niederlage Wallensteins. Darum folgt hier ein kurzer Ausschnitt dieser geschichtsträchtigen Jahre, auf die der Stralsunder bis heute mit Stolz blickt.

DIE NIEDERLAGE EINES GROSSEN FELDHERRN

Im Jahre 1628 wurde die Hansestadt Stralsund in die Reichspolitik hineingezogen, als der Dreißigjährige Krieg gefährlich nahe an die Ostseeküste rückte. Der dänische König Christian IV. musste sich 1625, von den kaiserlichen Truppen geschlagen, aus Norddeutschland zurückziehen. Der Oberbefehlshaber der kaiserlichen Armee und Herzog von Friedland, Albrecht von Wallenstein, wurde 1627 zum Herzog von Mecklenburg ernannt. Er ließ ganz Mecklenburg besetzen und marschierte bald in Pommern ein. Die wichtigen Häfen sollten zu Stützpunkten des Kaisers an der Ostseeküste werden. Auch Stralsund sollte die Stärke der kaiserlichen Armee bald zu spüren bekommen. Deshalb ließ der Stralsunder Rat 1627 die Teiche tiefer graben und den Erdwall an der Stadtmauer verstärken. Mit der Franzburger Kapitulation vom 10. November 1627 hatte sich der Pommersche Herzog Bogislaw XIV. geschlagen gegeben und genehmigte dem kaiserlichen Oberst Hans Georg von Arnim, Regimenter in Pommern und auf Rügen zu stationieren. Rügen, Barth und Greifswald wurden bald ohne Widerstand der Bevölkerung eingenommen.
Anders sah es in Stralsund aus. Am 5. April 1628 hatten Stralsunder Seeleute und Fischer die kaiserliche Besetzung des Dänholms verhindert und die Soldaten zur Kapitulation gezwungen. Danach wurde die Stadt

10

belagert. Wallenstein persönlich leitete vom 26. Juni bis 15. Juli die Belagerungskämpfe. 150 000 Reichstaler sollte der Stralsunder Rat an Wallenstein zahlen, um sich davon freizukaufen, kaiserliche Truppen aufzunehmen. Doch nicht nur die Stralsunder Bürger, sondern auch der Rat wies widerstandswillige Leute auf. An der Spitze dieser Gruppe stand der Bürgermeister Lambert Steinwich. Er hatte geheime Verbindungen zu den nordeuropäischen Mächten aufnehmen lassen und bat diese um Unterstützung. Mit dänischer und schwedischer Waffenhilfe konnte die Stadt verteidigt werden und Wallenstein erlitt eine Niederlage. Am 23. Juni 1628 schloss der Stralsunder Rat einen Allianz-Vertrag mit dem Schwedenkönig Gustav Adolf, der nicht nur ein 20-jähriges Schutzbündnis brachte, sondern auch die Schweden als Besatzungsmacht. Im Juli eines jeden Jahres hallen an einem Wochenende Kanonenschüsse durch die Altstadt und Schwaden von Pulverdampf ziehen durch die Straßen. Dann feiert Stralsund mit den Wallensteintagen den erfolgreichen Widerstand gegen die Belagerung der kaiserlichen Truppen.

Die Altstadt Stralsunds von oben

◀ Ein Blick in die Seitenstraßen ist auch interessant.

▶ Verschiedene Ansichten vom Alten Markt

STRALSUND HEUTE

Das moderne und sanierte Stralsund präsentiert sich als quirlige Metropole des Ostseeraumes. Die Altstadtfläche ist sehr kompakt und kann bequem zu Fuß angeschaut werden. Als Standort für ihre Besichtigung empfehlen wir den Wohnmobilstellplatz am Rügendamm. In nur 15 Minuten erreicht man fußläufig die Altstadt sowie den Hafen. Familie Dahnke bietet hier alle Einrichtungen, die man von einem Stellplatz heute erwartet, und natürlich den beliebten Brötchen-Service. Zudem haben Sie hier die Möglichkeit einen Werkstatt-Service zu nutzen oder auch Zubehör zu erwerben und montieren zu lassen, während Sie unterwegs sind. Wer länger unterwegs ist, hat hier sogar die Gelegenheit einen »Waschtag« einzulegen.

Das Rathaus in Backstein-Architektur

Tipp

Sie wollen mehr erfahren über die Welterbe- und Hansestadt Stralsund? Und über die wunderbaren Inseln Rügen, Usedom oder die Halbinsel Fischland-Darß-Zingst, über Vorpommern mit seiner einzigartigen Boddenlandschaft, mit den Vögeln des Glücks – den Kranichen –, mit zahlreichen Gutshäusern und Schlössern? Seit 2007 gibt es den Stralsunder Gästeführerverein 07, dessen Mitglieder es sich zur Aufgabe gemacht haben, ihre Heimat auf eine besonders individuelle Art und Weise näherzubringen: Führungen im historischen Gewand, kulinarisch durch verschiedene Gasthäuser, durch den Hafen, mit dem Nachtwächter oder durch bedeutende Gebäude der Backsteingotik, mit Kindern durch das Ozeaneum, vieles ist möglich. Das Schöne ist: Hier steht nicht kommerzieller Gewinn im Vordergrund, sondern das Hobby Einzelner, die trotzdem eine Ausbildung zum Städteführer haben. Die Angebote beginnen bei 10 Euro pro Person. Vielleicht finden Sie auf dem Wohnmobilstellplatz ja auch andere, die Sie für eine Teilnahme begeistern können! Kontakt: Roland Zenke, Seestraße 3, 18439 Stralsund, Tel. 03831/38 49 87.

10

AM ENDE DER ALTSTADT, an der Hafeninsel und der Fährbrücke, befindet sich Das Fischermann's. Das maritime Flair mit den alten Speichern und Kanälen, ein beeindruckender Panoramablick von der Sommerterrasse und dem Wintergarten auf den Sund sowie die Segler und Yachten suchen ihresgleichen. Wie der Name schon sagt: Frischer Fisch ist Trumpf und das rustikale Ambiente ist trotz der Größe der Location sehr gemütlich. Neben den Tagesangeboten gibt es eine ständige Auswahl an 20 Fischgerichten in Vor- und Hauptspeisen.

Kirche St. Jacobi mit Ozeaneum

AUF EINEN BLICK

Info

STADT/REGION: Stralsund, Mecklenburg-Vorpommern
BESTE REISEZEIT: April bis Ende Oktober
OPTIMALE REISEDAUER: 2–3 Tage
TOURISTINFO: Tourismuszentrale der Hansestadt Stralsund, Alter Markt 9, 18439 Stralsund, Tel. 03831/252-340, www.stralsundtourismus.de
KARTE: Kümmerly + Frey 1:275 000, Karte 2 Deutsche Ostseeküste

SEHENSWÜRDIGKEITEN

OZEANEUM STRALSUND: Hafenstraße 11, 18439 Stralsund, www.ozeaneum.de

WOHNMOBILSTELLPLATZ STRALSUND

ADRESSE: Boddenweg 3, 18439 Stralsund, Tel. 03831/309 20 23, www.wohnmobilstellplatz-stralsund.de
GPS: N 54°16‘33“, E 13°06‘33“
Gebührenpflichtiger Stellplatz für 20 Wohnmobile im südlichen Stadtteil zwischen Wohnbebauung und Gewerbegebiet in Boddennähe. Geschotterte Stellflächen, beschildert und beleuchtet, Grünflächen mit Sitzecke, Grill- und Feuerstelle, Supermarkt 300 m entfernt, ganzjährig nutzbar

◀ Blick ins Ozeanium ▶ Die Rügendammbrücke

Stellplatz an der Rügenbrücke

CARAVANSTELLPLATZ AN DER RÜGENBRÜCKE

ADRESSE: Werftstraße 9, 18439 Stralsund, Tel. 03831/667 97 77, www.caravanstellplatz-ruegenbruecke.de

GPS: N 54°18‘08“, E 13°05‘54“

Beim Caravan-Center Dahnke. Gebührenpflichtiger Stellplatz für 55 Wohnmobile mit Blick zur Rügenbrücke. Großzügig parzellierte Stellflächen auf Schotterrasen, komfortable Sanitäranlage mit Waschmaschine und Trockner, weitere 60 Stellplätze gegenüber, neben dem Betriebsgelände, zum Stadtzentrum 2 km, ganzjährig nutzbar

DER NORDEN VON RÜGEN

Deutschlands grösste Insel kann alles

Blick von Juliusruh zum Kap Arkona

11

Die zwei Kilometer lange Strelasundbrücke verbindet das Festland Mecklenburg-Vorpommerns mit der größten deutschen Insel Rügen. Es gilt eine Fläche von 926 Quadratkilometern auf einer Nord-Süd-Ausdehnung von 52 Kilometern zu entdecken. Die Küste ist durch zahlreiche Meeresbuchten und Lagunen sowie vorspringende Halbinseln und Landzungen stark zergliedert.

Das macht die Insel Rügen auf ihre Art und Weise sehr spannend und abwechslungsreich für mobile Entdecker. Selbstredend muss man sich für einen Wochenendtrip entsprechende Schwerpunkte setzen und eine gewisse Vorauswahl treffen. Denn das vorhandene Angebot steht auch einem Urlaub von 14 Tagen Dauer gut zu Gesicht. Daher stellen wir alle Inselteile und ebenso die Insel Hiddensee vor. Zur besseren Übersichtlichkeit stellen wir zunächst den Nord- und im nächsten Kapitel den Südteil der Insel vor. Rügen ist wegen seiner vielfältigen Landschaft, der Bäderarchitektur sowie der langen, Sandstrände ein beliebtes Urlaubsziel. Nach der Ankunft verlassen bereits bei Samtens die B 96 und folgen der L 30 Richtung Gingst, dann weiter nach Trent. Bereits hier kann man einen unvergesslichen Ausflug starten.

◀ Herzlichen willkommen auf Rügen! ▶ Doppelturm am Kap Arkona

Der Kreidefelsen am Jasmund

DER EBENE UND LEICHT zu befahrende Radweg beginnt in Trent und endet in Wiek. Die gesamte Strecke beträgt zwölf Kilometer, wovon sieben Kilometer an einem Uferweg direkt am Wieker Bodden entlangführen. Wir parken und starten die Tour vom, unübersehbaren, roten Biergartenhaus aus und erreichen nach etwas mehr als drei Kilometern auch schon die Wittower Fähre, ein großer Spaß auch für Kinder.
Danach fahren wir am Ufer auf einem geraden Radweg, bis wir durch ein kleines Wäldchen radeln, um dann wieder ans Ufer zurückzukehren. Hier erfreuen wir uns an der Natur des Wieker Boddens. Später verschlechtert sich der Straßenbelag etwas, bis wir ein Gehöft durchquert haben und dann im Örtchen Zürkvitz auf die andere Straßenseite müssen. Nachdem wir an der Klinik vorbeigeradelt sind, müssen wir später noch einmal eine Straße (Wiek-Glewitzer Fähre) überqueren. Danach erreichen wir den Segler- und Fischerhafen von Wiek. Hier gibt es die Möglichkeit für einen Imbiss und man kann man die spätgotische Kirche St. Georg aus dem Jahr 1400 besichtigen. Wir steigen um zum Fahrgastschiff nach Vitte auf der Insel Hiddensee und genießen drei schöne Stunden auf dem Eiland.

11

INSEL HIDDENSEE

Die letzte autofreie Insel des Ostseeraumes wird nicht umsonst »Perle der Ostsee« genannt. Vitte wurde erstmals 1513 urkundlich erwähnt und ist der größte und zentrale Ort der Insel. Hier befinden sich das wohl letzte Zeltkino, die Seebühne Hiddensee und eine Holländerwindmühle. Hiddensee ist die größte Insel des Nationalparks Vorpommersche Boddenlandschaft. Sie ist etwa 16,8 Kilometer lang, an der schmalsten Stelle etwa 250 Meter und an der breitesten etwa 3,7 Kilometer breit. Die Insel unterteilt sich in einen hügeligen Nordteil, eine Dünen- und Heidelandschaft im Zentrum und einen flachen, nur wenige Meter hohen Südteil. Im Nordosten befinden sich die beiden drei Kilometer langen Sandhaken. Auf Hiddensee herrscht das typische Ostseeküstenklima mit lebhaften, wechselnden Winde und einer langen Sonnenscheindauer. Mit im Durchschnitt 1850 Sonnenstunden pro Jahr nimmt Hiddensee eine Spitzenstellung in Deutschland ein. Der Ort Kloster hat seinen Namen vom ehemaligen Zisterzienserkloster, das von 1296 bis 1536 in der Nähe des heutigen Hafens lag. Während der Reformation im 16. Jahrhundert wurde es aufgelöst. Heute gilt Kloster mit dem Gerhart-Hauptmann-Haus, der Inselkirche und dem Inselfriedhof mit dem Grab von Gerhart Hauptmann als das kulturelle Zentrum von Hiddensee. Darüber hinaus befinden sich in Kloster die Biologische Station sowie die Vogelwarte als ökologische Forschungseinrichtungen der Universität Greifswald.

Der Hafen von Vitte auf der Insel Hiddensee

▲ Der Leuchtturm von Hiddensee ▼ Vorsicht, Steilküste! ▶ Künstleratelier im alten Marinepeilturm

DAS ENDE DER INSEL

Zurück in Trent folgen wir der L 30 und L 96 einige Kilometer bis zur Sackgasse an das **Kap Arkona**. Von der L 96 abbiegend, brauchen wir nur den Schildern zu folgen. Den großen Parkplatz mit den Wohnmobilen an der linken Seite kann man nicht verpassen. Gegen eine Gebühr von fünf Euro übernachtet man hier ohne jegliche Versorgung vor dem kleinen Ort Putgarten. Am Abend, wenn die Tagesgäste den Heimweg angetreten haben, kehrt hier eine wohltuende Ruhe ein, die dem kleinen, von Feldern, Wiesen und unberührter Natur umgebenen, romantischen Ort vollends gerecht wird. Die Einwohner geben sich viel Mühe mit ihren liebevoll gestalteten Gärten und Höfen. Das **Gasthaus Utspann** füllt sich gen Abend überwiegend mit Einheimischen, mit denen man schnell ins Gespräch kommen kann. Nur wenige Ferienwohnungen gibt es hier und sie selbst bedauern es, dass die Spitze der Insel auf einen Zwei-Stunden-Tourismus reduziert wird. Wir haben den Ausklang des Tages sehr genossen, ebenso

wie die regionale Küche mit einer schmackhaften Fischsuppe und dem dazugehörigen Schnaps. Eine Handvoll Wohnmobilisten verbrachte mit uns gemeinsam eine angenehme Nacht und wir starteten am nächsten Morgen unseren Fußweg zum Kap. Vom Parkplatz geht man direkt am linken Ortsrand entlang, bis nach etwa einem Kilometer links ein Wegweiser zu den »Türmen« führt. Nach einer leichten Anhöhe erkennen wir die Türme der neuen und alten Leuchtfeuer. Die schroffen Kreidefelsen begleiten uns direkt am linken Rand des Pfades, der auf den großen Vorplatz der Anlage führt. Wie so viele Gelände an der Küste, wurde auch dieses Jahrzehnte zu militärischen Zwecken genutzt.
Zentrum der Anlage sind heute die beiden **Leuchttürme**. Wegen der gefährlichen Untiefen am Kap Arkona wurde hier, an der Stelle einer alten Leuchtbarke, in den Jahren 1826/27 nach den Plänen von Karl Friedrich Schinkel ein stationärer Turm aus Backstein errichtet. Der Turm selbst ist nur knapp 23 Meter hoch, aber insgesamt 66 Meter über Meereshöhe, sodass sein Leuchtfeuer in acht Seemeilen Entfernung sichtbar war. Als die Seefahrt sich weiterentwickelte, die Schiffe größer und schneller wurden, bestand die Notwendigkeit, einen höheren Turm zu errichten. Den setzte man kurzerhand daneben. Mittels der moderneren Leuchtmittel und einer Höhe von 35 Metern konnte er mit 24 Seemeilen dreimal so weit auf die See leuchten. Er wurde 1905 in Betrieb genommen und der alte Schinkelturm diente fortan nur noch als Dienstgebäude für die Angestellten. Beide Türme können heute besichtigt werden. Die Aussichtplattform auf 28 Metern Höhe bietet eine sensationelle Aussicht über die Ostsee sowie die Landschaft im Hinterland.

MARINEPEILTURM UND JAROMARSBURG

Etwas abseits von dem Alten und dem Neuen Leuchtturm steht der ehemalige **Marinepeilturm**. Er wurde 1927 gebaut und diente der Reichsmarine als Seefunkfeuer zur Kontrolle des Ostseeraums. Die Abstrahlung gerichteter Funkwellen sollte die Navigation, insbesondere die der Eisenbahn-Fährlinie Sassnitz–Trelleborg, verbessern. 1945 wurde die technische Einrichtung zerstört. Als Denkmal 1996 restauriert, bietet er Künstlern ein Atelier in luftiger Höhe. Im Peilturm können Sie die aufsehenerregenden Schätze aus dem Inneren der Wallanlage betrachten, die bei den Rettungsgrabungen gefunden wurden. Wechselnde Ausstellungen verschiedener Künstler ergänzen das Angebot im Internationalen Ausstellungszentrum. Die Aussichtsplattform unterhalb der Glaskuppel bietet einen fantastischen Blick auf den Küstenbereich.

Seit dem 6. Jahrhundert siedelten slawische Ranen sauf Rügen. Sie errichteten zu Ehren ihres viergesichtigen Gottes Svantevit zwischen dem 6. und 8. Jahrhundert die **Jaromarsburg** am heutigen Kap Arkona. Die Burg wurde durch die Steilküste von drei Seiten geschützt. Zwei hintereinander liegende Wälle sicherten den riesigen Bau von der Landseite her. Ursprünglich erstreckte sich die Anlage rund 300 Meter von Nord nach Süd und etwa 350 Meter von Ost nach West. **Putgarten** war Siedlung und Marktzentrum der Burg. Der zur Tempelanlage gehörende Hafen wird in dem Fischerdörfchen Vitt vermutet. 1168 besiegte der dänische König Waldemar I. die Slawen und zerstörte die Tempelburg. Trotz großer Abbrüche der Steilküsten in den vergangenen Jahrhunderten ist der halbkreisförmige Ringwall noch gut zu erkennen. Untersuchungen ergaben, dass heute nur noch ein Drittel der ehemaligen Fläche innerhalb des Walles vorhanden ist.

Das Rügenhaus in Putgarten

Hafenstadt Sassnitz von oben

Wer möchte, kann für den Rückweg zum Parkplatz die touristische Bimmelbahn nutzen oder wie wir den Rundweg fortsetzen und den 1,2 Kilometer langen Hochuferweg entlang zum Fischerdorf Vitt nehmen, um dann von der anderen Seite wieder nach Putgarten zurückzukehren. Von hier aus geht es vor Altenkirchen links auf die L 96 zurück. Bevor wir auf die teilweise nur 800 Meter schmale und acht Kilometer lange Landenge Schaabe fahren – sie verbindet die Kapregion mit der Halbinsel Jasmund –, machen wir einen Stopp am Knaus Campingpark Juliusruh. Er ist die einzige Alternative für eine Übernachtung vor dem Kap Arkona. Die einspurige Zufahrt erfordert etwas Geduld, da sie gleichzeitig der Fahrradweg ist. Es ist ja Urlaub. Der Platz liegt an einem Hochplateau, zehn Meter über der Ostsee. Er hat einen Wohnmobilstellplatz sowohl vor der Schranke, der für eine Nacht bei Spätanreise nutzbar ist, sowie einen reservierten Wohnmobilteil am rechten Areal des Campinggeländes. Die Preise sind je nach Saison sehr gesalzen, dafür werden alle Einrichtungen einer modernen Campinganlage geboten. Gegen Gebühr kann man sich auch nur Ver- und Entsorgen (inkl. Chemietoilettenreinigungsautomat), bevor man an das Kap weiterfährt.

AUF EINEN BLICK

Info

STADT/REGION: Insel Rügen, Mecklenburg-Vorpommern
BESTE REISEZEIT: April bis Ende Oktober
OPTIMALE REISEDAUER: 2–3 Tage
TOURISTINFO: Tourismusinformation Kap Arkona, Am Parkplatz 1, 18556 Putgarten, Tel. 038391/130 73, www.kap-arkona.de; Tourismusinformation Vitte, Achtern Diek 18a, 18565 Insel Hiddensee, Tel. 038300/60 86 85, www.seebad-hiddensee.de
KARTE: Kümmerly + Frey 1:275 000, Karte 2 Deutsche Ostseeküste

SEHENSWÜRDIGKEITEN

GERHART-HAUPTMANN-HAUS: Kirchweg 13, 18565 Kloster/ Hiddensee, Tel. 038300/397, www.hauptmannhaus.de
KAP ARKONA: www.kap-arkona.de

◀ Wohnmobile am Strand von Mukran ▲ Buchenwälder im Nationalpark Jasmund ▼ Gasthaus Utspann in Putgarten

▲ Stellplatz von Mukran in Strandnähe ▼ Stellplatz am Kap Arkona

STELLPLATZ KAP ARKONA

ADRESSE: Dorfstraße, 18556 Putgarten, Tel. 038391/41 90, www.kap-arkona.de

GPS: N 54°40‘16“, E 13°24‘28“

Einfacher Stellplatz auf dem Busparkplatz für 30 Wohnmobile. Ebener, asphaltierter Untergrund, kein Schatten, kein Strom, keine Ver-/ Entsorgung, zentrale Lage am Ortsrand

DER SÜDEN VON RÜGEN

Noch mehr von Deutschlands grösster Insel

Der Stadtstrand von Göhren

Den mittleren und südlichen Teil der Insel Rügen erreichen wir zügig und bequem über die B 96 sowie die B 196. Von Norden kommt man ohne Umwege über die Landenge Schaabe zum Jasmunder Bodden. Vorbei am Fährhafen Mukran geht es über die Schmale Heide auf den Südteil mit den wunderschönen Klassikern der Badeorte.

NATIONALPARK JASMUND

Die Halbinsel Jasmund mit dem gleichnamigen Nationalpark wird geprägt durch die riesigen Buchenwälder und den größten Kreidefelsen von Rügen am Königsstuhl. Der Königsstuhl ist leider nur vom zwei Kilometer entfernten Parkplatz entweder zu Fuß oder mit Bussen erreichbar. Mehr als 1,7 Millionen Besucher pilgern jährlich auf den Spuren des romantischen Malers Caspar David Friedrich. Grandiose Blicke erhascht man von der gebührenpflichtigen Plattform. Durch die schweren Stürme der letzten zwei Jahre und die vielen großen Abbrüche sind viele Steiluferwege zurzeit gesperrt und müssen zum Teil wieder neu angelegt werden. Vorsicht bei Alleingängen, diese haben schon einige Spaziergänger mit dem Leben bezahlt! Viel schöner ist es, ein wenig weiterzufahren und vor Sassnitz links die Schleife durch den Wald zu nehmen. Vom zweiten Waldparkplatz auf der rechten Seite überqueren wir die Straße und folgen dem Weg durch den Wald, bis wir an den Hochuferweg kommen und diesem folgen. Insgesamt drei Kilometer haben wir zu absolvieren, ehe die Kreidefelsen der kleinen Stubbenkammer zu sehen sind. Wer die Kreidefelsen vom Strand aus in Augenschein nehmen möchte, sollte trittfest sein. Per Leiter führt der Abstieg über die letzten Klippen.

◀ Die Fischmanufaktur im Hafen Sassnitz ▶ Strand von Juliusruh

Die Seebrücke von Sellin

DIE LANDENGE SCHAABE ist mit dichten Wäldern aus Krüppelkiefern bewachsen, durch die man bei der Querung nahezu nichts von der nahen Ostsee erkennen kann. Wer von Norden kommt, fährt automatisch diese Route, und wer vom Königsstuhl kommt, hat nur zehn Kilometer an der Küste entlangzufahren. Es gibt zahlreiche Parkplätze für Tagesbadegäste, die sehr gut für Wohnmobile genutzt werden können. Auch an heißen Tagen gibt es hier angenehme Beschattung durch die Bäume. Von hier sind es nur wenige Meter über den weichen Waldboden, bis der Blick auf den zehn Kilometer langen Badestrand freigegeben wird. Es ist ein wahres Badeparadies, wo jeder, der möchte, ein ungestörtes Plätzchen finden kann. Besonders für Kinder ist das flach abfallende Wasser sehr schön zum Spielen und Toben geeignet. Selbst die Kreidefelsen sind zum Greifen nah und mit etwas Glück sieht man Seehunde vor der Küste entlangschwimmen. Für ein wenig Schatten ist ein Sonnenschirm oder eine Strandmuschel empfehlenswert. Übrigens gibt es hier keinerlei Infrastruktur, keinen Imbiss oder Strandbuden, keine Duschen oder Toiletten. Da ist es gut, das Wohnmobil in der Nähe zu wissen.

12

HAFEN SASSNITZ

Der Sassnitzer Hafen ist auf dem Rückweg zum Waldparkplatz noch nicht zu sehen, aber nur einige Kilometer entfernt. Wer noch nicht genug Auslauf hatte, kann zum Beispiel dem Steiluferweg bis in den Hafen folgen, während der andere das Reisegefährt schon mal dort parkt. Die Parkfläche ist nur für Reisebusse und Wohnmobile reserviert. Der Stadthafen bildete sich aus einem reinen Fischereihafen, einem Fährhafen sowie einem lange Zeit militärisch genutzten Bereich. Die militärische Nutzung findet heute nicht mehr statt. Der Fährbetrieb ist seit 1998 in den Fährhafen Sassnitz-Mukran verlagert. In seiner bestehenden Vielfalt bietet der Stadthafen heute Fischern, Behörden, Reedereien, privaten Nutzern und vielen anderen mehr einen sicheren Anlaufpunkt. Museums-, Imbiss- und Gaststättenschiffe haben hier einen festen Liegeplatz gefunden. Einige Künstler haben ihre Ateliers. Zum Essen und Einkauf empfehlen wir die Fischmanufaktur: Fisch in allen Varianten zum selbst Zubereiten, Backfischbrötchen zum sofortigen Verzehr oder der Mittagstisch im Restaurant – da ist für jeden das Richtige dabei. Sehenswert ist auch das Fischerei- und Hafenmuseum, besonders an einem bedeckten oder regnerischen Tag.

Der Fischereihafen Sassnitz

12

ÜBER DIE SCHMALE HEIDE BIS GÖHREN

Im Ortsteil **Neu Mukran** sehen wir die Hinweisschilder zum Fährhafen. Von hier aus erreicht man mit dem Wohnmobil ausgefallene Ziel wie St. Petersburg, Kaliningrad oder Klaipėda in Litauen, aber auch Bornholm oder Trelleborg. Ein Stück weiter folgt die südliche Landenge vom Jasmund, deren Name schon signalisiert, was einen erwartet, die »Schmale Heide«. Am Ende liegt das Seebad Binz. So weit, so gut, wenn, ja wenn es nicht auf der Schmalen Heide einen besonders geschichtsträchtigen Ort gäbe, nämlich **Prora**. Mit dem Bau der legendären Ferienanlage »Kraft durch Freude«, der 1936 durch die gleichnamige nationalsozialistische Organisation begonnen wurde, sollte auf vier Kilometern Länge die größte Ferienanlage der Welt entstehen. Teile der riesigen Gebäudeblöcke wurden dann für die Ostseeferien verdienter DDR-Bürger genutzt, aber richtig vollendet wurde die Anlage nie. So gibt es aktuell nur Teilnutzungen bzw. wurden kleine Teile schon abgerissen. Seine Faszination hat dieser Teil Rügens allerdings bis heute nicht verloren.

Segler auf dem Bodden bei Thiessow

◀ Im Technikmuseum Prora ▶ Toller Service: »Rügen RADzFatz«

IN EINER DER HALLEN der zweiten Reihe entstand zum Beispiel das Eisenbahn & Technik Museum Rügen. Auf 10 000 Quadratmetern Fläche gibt es seltene Exponate zu bestaunen. Wenn man neben der 33 Meter langen und 250 Tonnen schweren russischen Schnellzug-Dampflok steht, versteht man schnell, warum sie die größte Europas ist. Schöne Pkw-Oldtimer, Traktoren, Motorräder und besondere Triebwagen aus der ganzen Welt bieten viel Abwechslung. Die Sammlung wird ständig erweitert. Besonders zu erwähnen sind der große Parkplatz, die familienfreundlichen Preise und das nette Personal, das so manche Anekdote über die Ausstellungsstücke zu erzählen weiß.

Übrigens kann man von hier aus gut mit dem Fahrrad die »KdF Freizeitanlage« sowie die Innenstadt von Binz erreichen. Wie gesagt, der Parkplatz ist sehr groß. Die zweite Möglichkeit ist der etwa 1,5 Kilometer vor Prora gelegene Wohnmobilhafen. Er liegt auf der seeabgewandten Seite mitten im Wald. Über Geschmack lässt sich bekanntlich streiten, und so kann jeder für sich entscheiden, was gefällt oder nicht.
Wir widmen uns jetzt weiter dem südlichen Teil der Insel. Nach 26 Kilometern sind wir im **Seebad Sellin** und erkunden zunächst den Stellplatz am östlichen Ortsrand. Er liegt etwas abseits am Waldrand mit Blick nach nirgends. Der Platz ist voll erschlossen und verfügt über ein neu erbautes Sanitär- und Empfangsgebäude. Damit wir ein Gefühl für die Entfernung bekommen, gehen wir von hier zu Fuß Richtung Seebrücke. Am kleinen Stadtpark vorbei sind wir nach 2,5 Kilometern am Ziel und genießen den Blick von der Seebrücke auf die Ostsee. Weißer Strand, blaues Meer und freie Strandkörbe wirken auf uns wie aus einem Reiseprospekt. Seit mehr

als zehn Jahren waren wir nicht mehr hier und erfreuen uns am Anblick der sanierten Villen, Cafés und Restaurants, der wiederbelebten Infrastruktur. Hier hören wir auch das erste Mal in der Ferne das Dampfen und Pfeifen des »Rasenden Roland«, des dampfgetriebenen Wahrzeichens der Insel, aber davon gleich mehr. Auf unserem Rückweg sehen wir wieder einen der Busse mit dem genialen »RADzFatz über die Insel«-Anhänger-System. Damit sind auch längere Fahrradtouren, ohne das Wunderwerk Pedelec, problemlos möglich. Denn der Bus nimmt Sie und Ihr Fahrrad mit zurück. Parallel zur Bahnstrecke fahren wir über Baabe zur 5-Sterne-Campinganlage kurz vor Göhren. In der Wartespur stehen bereits zwei andere Wohnmobile und ein Caravangespann. Hier ist alles durchorganisiert und aufgeräumt. Die Rezeption gleicht dem Check-in einer modernen Ferienanlage, was sie ja letztendlich auch ist. Auf einer Karte zeigt man uns freie Plätze, die wir selbstverständlich zunächst in Augenschein nehmen dürfen. Für einen perfekten Familienurlaub ist man hier bestens aufgehoben. Selbst ein Kino gibt es. Besonders gut hat uns der kleine Marktplatz im Zentrum gefallen. Hier findet man einen Lebensmittelshop, einen Bäcker, eine Pizzeria, eine Cocktailbar und mehr. Zu Fuß lassen sich die Promenade und der Bahnhof problemlos erreichen.

DER »RASENDE ROLAND«

Der dampfende Roland ist eine der attraktivsten Möglichkeiten, die Insel Rügen zu entdecken. Nicht nur die Kinder haben Spaß an der schnaubenden, fauchenden Schmalspurbahn. Fährt man die Strecke von Altefähr über Garz und Putbus, kommt man nach Göhren. Der Bahnhof Göhren ist Endstation für den Roland, d.h. hier werden die Loks umgesetzt, es bleibt also genug Zeit, um den Rasenden Roand genau zu betrachten und auch ein paar Worte mit dem Zugpersonal zu wechseln oder sich mit diesem fotografieren zu lassen. Das Bahnhofsgebäude von Göhren lädt mit einer großen Innen- und Außengastronomie zum Verweilen ein. Bei einem leckeren Essen kann man dem Umsetzen der Lok zusehen und fühlt sich in die Zeit versetzt, als die Dampflokomotiven noch das Kommando auf der Insel führten. Es ist fast ein bisschen wie im Kino zu sitzen – die Rauchschwaden, das laute Pfeifen, wenn die Bahn in den Bahnhof einfährt, ein wahrhaft tolles Vergnügen für Groß und Klein.

Erlebnisreich – mit dem »Rasenden Roland« in Göhren starten

Der »Rasende Roland« fährt auf einer Strecke mit einer Länge von gut 24 Kilometern. Er benötigt für eine Fahrt zwischen den beiden Endbahnhöfen etwa eine Stunde. In den Sommermonaten werden zusätzliche offene Panoramawaggons angehängt, von denen aus sich die Landschaft besonders nah erleben lässt. In den dunkelroten Buffetwagen werden die Reisenden mit Snacks und Getränken versorgt. In der Hauptferienzeit sind täglich drei Schmalspurbahnen auf der Strecke unterwegs, ansonsten zwei. In den Sommermonaten wird eine zusätzliche Verbindung über Putbus und Lauterbach Mole angeboten. Abgesehen davon, dass es am Himmel schon mal ein schwarzes Wölkchen gibt, erfreut sich der historische Zugverkehr bei Touristen aus aller Welt großer Beliebtheit.

VON GAGER BIS ZUR FÄHRE VON GLEWITZ

Für die Übernachtung begeben wir uns im Biosphärenreservat Südost-Rügen auf der **Halbinsel Mönchgut** in den letzten befahrbaren Zipfel. Thiessow und Klein Zicker sind die letzten erreichbaren Orte, und genau da wollen wir hin. Der Campingplatz Thiessow bietet zur einen Seite den Blick auf den Rügischen Bodden und auf der anderen Seite liegt der Ostseestrand. Dies ist besonders an windigen Tagen eine tolle Option bei der Wahl des richtigen Badegewässers. Umweltlärm ist ein Fremdwort und überhaupt gehen die Uhren hier ein wenig langsamer. Sie werden es genießen. Mit dem Fahrrad sind es über den ausgeschilderten Fahrradweg 2,5 Kilometer bis in den Fischerhafen von Klein Zicker, den wir von unse-

▲ Der Hafen von Gager ◀ Alleenstraße auf Rügen im Hinterland
▶ Vor den Klippen am Jasmund

rem Stellplatz aus sehen konnten. Hier scheint die Welt dann wirklich zu Ende. In der untergehenden Sonne sind nur die Vögel zu hören, die ihren Schlafplatz für die Nacht aufsuchen. Am nächsten Morgen wechseln wir zum sechs Kilometer entfernten Hafen von Gager, an dem wir vor zehn Jahren direkt an der Kaimauer stehend genächtigt haben. Auch hier ist der Fortschritt nicht stehengeblieben, vieles erstrahlt im neuen Glanz. Aber eines ist geblieben: Wir melden uns beim Hafenmeister an und dürfen für 12 Euro inklusive Strom sowie Nutzung der Sanitäranlagen stehen bleiben. Am späten Nachmittag sind wir mit einigen Bootsführern quasi unter uns. Karl vom Fischimbiss Meeresblick verlängert spontan seine Öffnungszeit und verwöhnt uns mit frisch gemachten Matjesbrötchen, Backfisch und kaltem Bier.

Am nächsten Tag haben wir uns **Middelhagen** als Tagesziel vorgenommen. Die Rundtour mit dem Fahrrad schlägt mit ca. 20 Kilometern zu Buche, alternativ kann man sich des Dienstes des Inselbusses bedienen. Schon auf dem Weg begegnet einem wieder die natürliche Schönheit der Landschaft, und wenn man in Middelhagen einfährt, ob mit dem Rad oder dem Bus, passt einfach alles zusammen. Die alten Höfe und Häuser sind mit viel Liebe herausgeputzt und gehören scheinbar einfach hierher. Gleich in der Dorfstr. 4 befindet sich die Kurverwaltung, sie hält einen wunderbaren Rundgang von 90 Minuten Dauer für Sie kostenlos bereit und die technisch versierten unter Ihnen können sich sogar einen Audioguide für das Smartphone herunterladen. Ja, auf Rügen ist die Zeit manchmal stehen geblieben, aber der Fortschritt hat auch hier schon lange Einzug gehalten. Bestens ausgerüstet kommen wir zunächst zum Museum der alten Dorfschule. Nehmen Sie doch einfach Platz auf einer der historischen Schulbänke, schließen Sie die Augen und lassen Sie sich in die Vergangenheit entführen, als der Schulmeister noch in einer Person alle Schüler und Unterrichtsfächer unterrichtete. Leben und arbeiten waren für ihn eins. Von der Küche bis zur guten Stube, vom Klassenzimmer bis zum Gemüsegarten können Sie alles hautnah erleben. Glücklicherweise ist schon Mittagszeit und das älteste Gasthaus Rügens, Die Linde, öffnet gerade seine Pforten. Als Dorfkrug begann seine Geschichte bereits um das Jahr 1400. Damit ist das Gasthaus so alt wie die Dorfkirche und hat schon so manchen Sturm überstanden. Unverputzte Ziegelsteinmauern, rustikaler Holzfußboden und das passende Mobiliar sorgen für die historische Atmosphäre. Im Mittelalter, so sagt der heutige Lindenwirt Steffen Leistert, haben hier sogar Gerichtsverhandlungen stattgefunden. Die beiden Linden vor der Tür, die dem Biergartenbesucher angenehmen Schatten spenden, könnten in ihrem hohen Alter so manche Geschichten erzählen. Einmal die Woche röstet der Lindenwirt frischen Kaffee und der Zander auf Sauerkraut ist ebenfalls eine Lobeshymne wert. Auch die Flundern auf heißen Stachelbeeren sind ein ganz besonderer Gaumenkick. So liebenswert wie Middelhagen auf uns wirkt, so herzlich sind auch die Menschen, die wir hier treffen. Gerne führen sie einen Plausch über den Gartenzaun mit uns und haben die ein oder andere Geschichte zu erzählen. Schweren Herzens verlassen wir Middelhagen, unseren Platz im Hafen von Gager und die Halbinsel Mönchsgut. Die schönen Erinnerungen werden uns sicher eines Tages wieder hierher zurückführen.

AUF EINEN BLICK

Info

STADT/REGION: Insel Rügen, Mecklenburg-Vorpommern
BESTE REISEZEIT: April bis Ende Oktober
OPTIMALE REISEDAUER: 2–3 Tage
TOURISTINFO: Tourist Service Sassnitz, Strandpromenade 12, 18546 Sassnitz, Tel.: 038392/6490 www.insassnitz.de; Tourismusinformation Binz, Heinrich-Heine-Straße 7, 18609 Ostseebad Binz, Tel. 038393/14 81 48, www.ostseebad-binz.de
KARTE: Kümmerly + Frey 1:275 000, Karte 2 Deutsche Ostseeküste

SEHENSWÜRDIGKEITEN

KÖNIGSSTUHL: www.koenigsstuhl.com
NATIONALPARK JASMUND: Stubbenkammer 2a, 18546 Sassnitz, www.nationalpark-jasmund.de
EISENBAHN & TECHNIK MUSEUM RÜGEN: Proraer Allee 119, 18609 Binz, Tel. 038393/23 66, www.oldtimer-museum-ruegen.de
RASENDER ROLAND: Bahnhofstraße 14, 18581 Putbus, Tel. 038301/88 40 12

WOHNMOBILSTELLPLATZ SELLIN

ADRESSE: Kiefernweg 4b,18586 Sellin Ostseebad, Tel. 0151/19 00 70 77, www.reisemobilhafen-ruegen.de
GPS: N 54°22‘18“, E 13°42‘06“

◀ Wohnmobilstellplatz im Seebad Sellin ▶ Stellplatz in Juliusruh

◀ Beachvolleyball am Strand von Göhren ▶ Campingplatz von Thiessow

Komfortabler Reisemobilhafen für 50 Wohnmobile auf Schotter mit Rasenflächen, terrassiert angelegt. Spezielle Plätze für große Wohnmobile vorhanden, Rezeption mit Duschen und WC, Einfahrt bis 19 Uhr, allerbeste Lage, ortsnah und strandnah

STELLPLATZ HAFEN GAGER

ADRESSE: Hafen, 18586 Gager/Groß Zicker, Tel. 038308/66 47 12, www.portgager.de

GPS: N 54°21,2‘, E 13°39,3‘

Hierbei handelt es sich nicht um einen offiziellen Wohnmobilstellplatz. Wenn man beim Hafenmeister fragt, darf man für € 12 im Hafengelände über Nacht stehen und die WCs und Duschen im Hafengebäude benutzen. Bei Bedarf legt der Hafenmeister auch noch ein Stromkabel. Eben auf Asphalt, super Fischbude am Platz, nachts absolut ruhig

WOHNMOBILSTELLPLATZ LAUTERBACH

ADRESSE: Chausseestraße 14, 18581 Putbus, Tel. 038301/88 83 29, www.wohnmobilstellplatz-insel-ruegen.de

GPS: N 54°20‘48“, E 13°29‘55“

Unparzellierte Wiese für 26 Wohnmobile, teilweise etwas schräg, gepflegtes Sanitärgebäude.

Hafen und Stadt Putbus sind zu Fuß zu erreichen und der »Rasende Roland« hält an der Mole.

USEDOM

Beeindruckende Natur und mondäne Badeorte

Strandgang für Genießer in Koserow

Sie möchten die sonnenreichste Region Deutschlands näher kennenlernen? Die Insel Usedom hält mehr als 2000 Sonnenstunden im Jahr für uns bereit und ist doch einer der unbekannteren Teile der Ostseeküste. Dabei muss sie keinen Vergleich scheuen, sie ist mindestens so interessant und abwechslungsreich wie ihre Konkurrenz im Norden.

Die Anfahrt erfolgt über die gut ausgebaute Ostsee-Autobahn A 20 entweder aus Richtung Rostock oder Berlin. Von Süden kommend nimmt man die Abfahrt Anklam und aus Nordwest die Abfahrt Gützkow. Beide Varianten führen auf die B 111 und weiter durch die Stadt Wolgast.

PEENEMÜNDE

In Bannemin folgen wir der Beschilderung nach Peenemünde. Wenn man den Namen hört, weiß man nicht, ist das nun klangvoll oder negativ behaftet. Im Wald fahren wir zunächst nach rechts und folgen dem Weg zum ehemaligen russischen Flugplatz für Bomber und Jagdflugzeuge, der später offiziell durch die Nationale Volksarmee der DDR betrieben wurde. Bis weit in die 90er-Jahre war das hier alles noch Sperrgebiet. Auch heute ist die Gegend leider sehr verwaist und heruntergekommen. Wir nehmen den alten Versorgungsweg durch die Wälder und sehen dann die Zufahrt zum Wohnmobilstellplatz. Sie ist völlig kaputt und mit Schlaglöchern übersät, wir entscheiden uns, ihn später von der anderen Seite zu Fuß zu erkunden. Eineinhalb Kilometer weiter sind wir am historischen Raketenversuchsgelände.

Von hier schaut man auf die gegenüberliegende Seite des kleinen Hafenbeckens und sieht einige Wohnmobile am Platz stehen. Einzig faszinierend ist der geschichtliche Hintergrund dieses Ortes. 1942 wurde für die Heeresversuchsanstalt (HVA) das mit 30 Megawatt Leistung größte Kohlestaubkraftwerk Europas in Betrieb genommen. Die HVA Peenemünde war eine ab 1936 errichtete Entwicklungs- und Versuchsstelle der Wehrmacht. Unter der technischen Leitung Wernher von Brauns wurde in dem militärischen Sperrgebiet die erste funktionsfähige Großrakete, in der NS-Propaganda »Vergeltungswaffe V2« genannt, entwickelt und getestet. Mit ihrem Flug am 3. Oktober 1942 war sie das erste von Menschen gebaute Objekt, das in den Grenzbereich zum Weltraum eindrang. Peenemünde gilt daher

auch als Wiege der Raumfahrt.
Im Rahmen der Aufrüstung der Wehrmacht wurden für dieses geheime Militärprojekte zur Zeit der NS-Diktatur zahlreiche Häuser abgerissen, sodass vom alten Peenemünde mit seinen reetgedeckten Fischerhäusern so gut wie nichts mehr übrig. Das Historisch-Technische Museum informiert über die damaligen Geschehnisse und die Geschichte des Ortes.
Die Umgestaltung ehemaliger Militäranlagen zu Freizeitanlagen wird uns in Usedom immer wieder begegnen, dafür war die Insel mit ihrer Nähe zur Sowjetunion strategisch viel zu wichtig. Die Einsamkeit und gut kontrollierbare Erreichbarkeit Usedoms taten ihr Übriges. Da wir in einer Sackgasse sind, geht es einige Kilometer zurück nach Karlshagen. Der völlig neu entstandene Mittelteil mit modernen Neubauten lässt nur noch erahnen, dass hier einst Kiefernwälder das Bild beherrschten. Zentral geparkt kann man sich gut mit allem Nötigen versorgen, um für die nächsten Tage auch auf eine einsame Übernachtung vorbereitet zu sein. Im Ortsteil Trassenheide fahren wir in Richtung Ostseestrand, bis wir inmitten der Kiefernwälder am Campingplatz Ostseeblick stehen. Offiziell ist dies die einzige legale Stelle, um eine Nacht mit dem Wohnmobil zu

Der riesige Strand von Karlshagen

◀ Die Mühle von Pudagla ▶ Schwimmende Gaststätte im Achterwasser

verbringen. An der Haltestelle Trassenheide Wald der Regionalbahn gibt es aber einen schönen Parkplatz, der für diesen Zweck, besonders in der Hochsaison, geduldet wird, da die Kapazitäten dem Ansturm der Wohnmobile nicht immer gewachsen sind. Der gut beschattete Campingplatz kann durch den weichen Waldboden nur einen kleinen Teil der Fläche für Wohnmobile zur Verfügung stellen. Hat man einen der Plätze erhalten, steht man sehr strand- und naturnah. Es gibt noch eine einfache Ausweichfläche gegenüber der Zufahrt zum Campingplatz. Die alten Betonplatten nehmen Wohnmobile jeden Gewichts auf. Das freundliche Personal hat nach eigener Aussage bisher noch kein Wohnmobil abgewiesen. Nach so viel Geschichte zieht es uns nun ungeduldig in die Natur.

HALBINSEL GNITZ

Ein Teil des Naturparks Usedom ist das Achterwasser mit dem Ort Lütow in der südlichen Spitze der Halbinsel Gnitz. Das Gebiet um das Achterwasser ist Natur par excellence und der dazugehörige Wohnmobilstellplatz Netzelkow ein kleines Paradies. Hier kann man direkt am Wasser stehen und das schwimmende Restaurant lädt am Abend auf seiner Terrasse bei Hausmannskost zu einem leckeren Essen. Den »Sundowner« genießt man gleich hier oder an dem in Sichtweite stehenden Wohnmobil.
Die schöne Landschaft erstreckt sich im Süden der Halbinsel Gnitz. In

▲ Stellplatz in der Traumkulisse Halbinsel Gnitz ◀ Dahinter gibt es noch mehr Platz! ▶ Unberührte Natur entdecken

der Nähe von Lütow befinden sich Möwenort und der Weiße Berg, eine Steilküste an Achterwasser und Peenestrom. Obwohl hier kein offiziell ausgewiesener Radweg hinführt, lohnt ein Besuch unbedingt. Er führt uns durch das ausgedehnte Eichholz. Auf halber Strecke kann der Radfahrer in südöstlicher Richtung abbiegen und auf einem Betonplattenweg zum Mellsee, einem Zipfel des Achterwassers, fahren. Hier kann dann auf dem Deich zum Achterwasser in Richtung Insel Görmitz weitergefahren werden. Der Deichweg ist jedoch nur gefederten Fahrrädern zu empfehlen. Lütow ist ein kleines Feriendorf am Achterwasser. Nach der deutschen Wiedervereinigung sind hier recht viele Ferienhäuser entstanden. Der nach Westen weisende Teil der Gemeinde hat sich ein eher authentisches Bild bewahrt.

13

DER VON LÜTOW in südwestliche Richtung verlaufende Weg nach Möwenort und zum Weißen Berg ist für Radfahrer nicht zu empfehlen und sollte einer Wanderung vorbehalten sein. Die Fahrräder lassen sich jedoch leicht am westlichen Dorfrand von Lütow anschließen, wo die Wanderung beginnt. Ein breiter, etwas holprig mit Betonplatten belegter Straßendamm führt auf die im Achterwasser gelegene Insel Görmitz. Der Straßendamm, der die Twelen, einen Teil des Achterwassers, durchtrennt, wurde im Zuge der Erdölförderung im Hinterland Usedoms angelegt. Diese mit Betonplatten befestigten Wirtschaftswege sind durch die jahrelange Nutzung mit schweren Fahrzeugen in schlechtem Zustand. Erkundungen des Gebietes sollten daher zu Fuß erfolgen. Die Insel Görmitz ist ein Naturschutzgebiet und sollte auf einem Ausflug auch als solches respektiert werden. Der ruhige und vorsichtige Wanderer kann auf dem flachen Land der Insel Seeadler und viele andere Seevögel beobachten. Fernglas nicht vergessen!

Das ehemalige Raketenzentrum Peenemünde

13

BADETAG AM STRAND VON KOSEROW

Im Vergleich zu Rügen ist die Insel Usedom eher als klein zu bezeichnen. Das hat den Vorteil, dass lange Tagesetappen entfallen und der nächste Morgen entspannt beginnt. Beim Frühstück die landenden Wasservögel beobachten oder vorbeischwimmende Fische in Wasser bewundern, wo gibt es das schon? Dazu diese unendliche Stille, keine Straße, kein Flughafen, kein Schiffsverkehr und nur das Knacken der frischen Brötchen, mit denen uns das Bäckerauto versorgt hat. Die kilometerlangen Strände von **Koserow** erreichen wir bereits nach 15 Kilometern. Auf der Suche nach einem geeigneten Parkplatz ist das Schild »Autokino« gar nicht zu über-

Atelier und Garten von Otto Niemeyer-Holstein

sehen. Ein Autokino inmitten dieser Landschaft hatte ich nicht erwartet, noch weniger den Hinweis »Wohnmobile willkommen«. Also Blinker nach rechts und einbiegen. Schon sehen wir die große Leinwand und – Wohnmobile. So haben wir nicht nur einen Parkplatz, sondern gleich auch einen Übernachtungsplatz, 150 Meter vom Strand entfernt. Herz, was willst du mehr? An Tagen ohne Vorstellung kann das gesamte Areal genutzt werden, sonst die Bereiche rechts und links an der Seite. In der Gebühr zwischen 15 und 19 Euro je nach Saison sind Strom, WLAN sowie die Ver- und Entsorgung enthalten. Es gibt einen Imbiss, Duschen gegen Gebühr und den Film am Abend, wenn Vorstellung ist, dürfen Sie sich auch noch ansehen. Eine tolle Idee der beiden jungen Betreiber, denn in einem Autokino habe ich wirklich noch nie übernachtet.
Die Strandnähe und der direkt hier verlaufende Ostseeküstenradweg machen den Platz zu einem perfekten Aufenthalt. Dass fußläufig auch noch das Künstlerhaus des berühmten Malers Otto Niemeyer-Holstein zu erreichen ist, setzt dann auch noch ein kulturelles Highlight, das man nicht verpassen sollte.

Tipp

Gerade mal 500 Meter von unserem Platz entfernt, gelegen an der schmalsten Stelle der Insel Usedom, in freier Landschaft, ist »Lüttenort« ein Refugium, in dem sich Kunst und Natur unmittelbar begegnen. Das seit 1933 gewachsene, historische Ensemble von Wohnhaus, Atelier und Garten des Otto Niemeyer-Holstein (1896–1984) mit der 2001 eröffneten neuen Galerie ist einmalig. Im Museum können Sie die Werke des Künstlers an dem Ort erleben, an dem sie zum größten Teil entstanden sind. Das Anwesen, dessen eigenwillige Architektur mit der Anlage des Gartens und seinen Skulpturen bereits in sich selbst als Kunstwerk erscheint, erinnert an Otto Niemeyer-Holstein, der in der zweiten Hälfte des 20. Jahrhunderts einer der bedeutendsten Maler war. Neben der original erhaltenen Wohn- und Arbeitsstätte des Malers und dem vom Künstler gestalteten Garten besitzt das Museum einen bedeutenden Fundus von Werken Otto Niemeyer-Holsteins, der in wechselnden Ausstellungen und in den Führungen gezeigt wird.

▲ Der kleine Hafen von Stagnieß ◀ Die Sonne Usedoms lockt auch den Papagei ▶ Public Viewing am Strand von Heringsdorf

NATURCAMPING ÜCKERITZ

Theoretisch könnte man zu Fuß ca. 30 Kilometer am Strand entlang bis zur polnischen Grenze gehen, so weitläufig ist es hier. Schön ist, dass man Teilabschnitte davon wirklich in die Tat umsetzen kann, denn die Bäderbahn von Peenemünde bis Ahlbeck hat zahlreiche Bahnhöfe. Sie können also von der Seebrücke Koserow am Morgen starten und fünf Kilometer nahezu menschenleeren, auch für Hunde gut geeigneten Strand genießen, um dann in Ückeritz den Rückweg mit der Bahn zum Wohnmobil anzutreten. Ückeritz ist ein gutes Stichwort, ist es doch unser nächstes Ziel. Hier wird Naturcamping ganz groß geschrieben und man hat die Wahl zwischen dem Naturcamping **Hafen Stagnieß** an der uns schon bekannten Achterwasser-Seite oder dem Naturcampingplatz **Am Strand** an der Ostseeseite. Beide Anlagen haben sich das Wort Naturcamping gleichermaßen auf die Fahne geschrieben. Auf der Strandseite erwarten uns 4,5 Kilometer schmale Bereiche, die in sieben Abschnitte unterteilt sind. Eine gute Entscheidung, da wir bei den großen Entfernungen sonst einige die Sanitäranlagen nur mit dem Fahrrad ansteuern könnten. Zwei davon sind für Wohnmobile aller Größen geeignet. Eine Struktur von Stellplätzen gibt es eigentlich nur für Caravans und Wohnmobile. Der Strand ist riesig, unterteilt in verschiedene Zonen, die allerdings nicht so streng gehandhabt werden, sonst hätten wir mit Henry 1,5 Kilometer zum Hundestrand gehen müssen. Der Naturcamping Hafen Stagnieß ist die letzten Jahre mit neuen Sanitäranlagen und besserer Stromversorgung auf Standard gebracht worden. Feste Plätze gibt es eigentlich nur für Caravans. Für Wohnmobile gibt es zwei Bereiche, die direkt am Ufer des Achterwassers liegen und ohne jegliche Platznummern sind. Vom Hafen und Campingplatz geht es direkt in die Natur. Es gibt einen Fahrradverleih für alle, die keines im Gepäck haben, und einen Wanderweg entlang des Ufers bis zum klein Ort Loddin mit Hafen und Fischrestaurant. Für Kinder ist der Campingplatz ein Traum mit Spielplatz, Bootverleih, Angelkursen und einer sehr schönen Lagerfeuerstelle, die man gemeinsam mit den Eltern nutzen kann. Sollte mal etwas fehlen, ist das freundliche Personal stets bemüht auch andere Aktivitäten zu ermöglichen, Zum Einkauf nach Ückeritz sind es mit dem Fahrrad 1,5 Kilometer, ebenso zum Ostseestrand.

DIE KAISERBÄDER BANSIN, HERINGSDORF UND AHLBECK

»... Das Zimmer, das ich bewohne, ist freundlich, geräumig; das Haus selbst ist allerliebst; der Blick durch Bäume hindurch auf das graue Meer ist poetisch und für Herz und Sinne unendlich wohltuend ... Man hat Ruhe und frische Luft und diese beiden Dinge wirken wie Wunder und erfüllen Nerven, Blut, Lungen mit einer stillen Wonne ...« So beschrieb der große Theodor Fontane den besonderen Charme der Kaiserbäder. Sie sind real gewordene Träume, die alten Bädervillen. Einzigartig jede für sich. Und doch sind sie unverkennbar ein Ganzes. Und wenn sie des Morgens die Sonne anstrahlt, wird ihre glanzvoll mondäne Geschichte lebendig. In nur wenigen Jahrzehnten entstand hier ein wahres Sammelsurium an Häusern ganz unterschiedlicher Baustile aus Renaissance, Barock, Gründerzeit und Jugendstil. Die einzige Klammer, die alle miteinander vereint und die noch heute die Vorübergehenden fasziniert und zum Schwelgen bringt, ist die Prunksucht ihrer Besitzer und der Einblick, den sie damit in ihren luxuriösen Lebensstil geben.

13

Bevor wir uns dem geballten Tourismus der 8,5 Kilometer langen Strandpromenade hingeben, wollen wir zunächst einmal schauen, wo da noch Platz für die Wohnmobilreisenden ist. Nach der deutschen Wiedervereinigung hoffte man vor allen Dingen auf finanzkräftige Investoren, die sich der vielen maroden Gebäude, überwiegend Villen und Prunkbauten, annehmen würden und die Luxustouristen hierherlocken sollten. Ein Stück Vergangenheit sollte nach 40 Jahren Planwirtschaft zurückgeholt werden. Leider hatte man außer Acht gelassen, wie weit Usedom von den westdeutschen Metropolen entfernt ist. So mancher Park mit Dünenvillen hat die Einsamkeit am Rand der Orte nicht gut überstanden und verzeichnet bis heute eher Leerstände. Im Bereich der Campingplätze wurden die alten, zum Teil sehr vernachlässigten Anlagen aufgefrischt, aber weder erweitert noch durch neue Anlagen ergänzt. Der Wohnmobilfahrer war in den Anfängen ein unbekanntes Wesen, dessen Potenzial überhaupt nicht beachtet wurde. Leider ist das Angebot bis heute eher lückenhaft. Eine Einfahrt in die Orte ist als abenteuerlich zu bezeichnen und nicht zu empfehlen. Die Wohnmobilstellplätze liegen ausnahmslos außerhalb der touristischen Zivilisation, mit Ausnahme einiger privater Hinterhöfe. Die Preise stehen oft in keiner Relation zum Gebotenen. Da der Wohnmobiltourist eigentlich sehr genügsam ist, redet er sich das alles eher schön und gibt sich zufrieden oder ist vielleicht froh, überhaupt ein Plätzchen zu finden.

Auf dem Weg zum Langen Berg am Bansiner Strand

Die Strandkörbe am Heringsdorfer Strand

Vom Hafen Stagnieß geht es wieder zur B 111 und nach wenigen Kilometern sollte man die Augen gut aufhalten, denn ein kleines Schild mit dem Symbol »Wohnmobile« lotst uns links in den Wald. Wir sind bestimmt noch drei Kilometer vor **Bansin**, aber was soll es. Da wir es nicht besser wissen, folgen wir. Der romantische Weg führt uns mitten durch den dichten Laubwald, etwas eng, jedoch gut zu befahren. Da uns nach einigen Minuten andere Wohnmobile entgegenkommen, müssen wir hier richtig sein. Siehe da, plötzlich öffnet sich eine große Lichtung und wir erkennen einen Zaun und ein Tor, an dem reger Betrieb ist. Auf der rechten Seite stehen einige Caravans und auf dem linken Teil der großen Wiese mit befestigten Fahrspuren reihen sich Wohnmobile aller Größen wie an einer Perlenkette auf. Der offizielle »Wohnmobilstellplatz Waldparkplatz« hat 80 Stellplätze und ist 300 Meter vom Strand entfernt. Nach Bansin sind es etwa drei Kilometer, hatten wir doch gut eingeschätzt. Die alten Gebäude gehören noch zum ehemaligen Zeltplatz und sind etwas in die Jahre gekommen. Sehr schön sind die ruhige Waldlage und die ausgeschilderten Rundwanderwege. Wussten Sie schon, dass der Baltisch-Westfälische Jakobsweg an der deutsch-polnischen Grenze auf Usedom beginnt? Die Via Baltica ist der nördlichste Weg der Ost-West-Verbindungen in Deutschland und führt Sie von Kamminke über Usedom Stadt weiter nach Greifswald, Rostock und Wismar bis ins niedersächsische Osnabrück.

Der Innenhof vom Wasserschloss Mellenthin

VOM PLATZ FOLGEN WIR links der Beschilderung Richtung Strand. Nach 700 Metern kommen wir aus dem Wald und haben einen wunderschönen Blick über den Strand auf die spiegelglatte Ostsee. 500 Meter später biegt der Weg wieder ein und wir folgen dem Schild »Langer Berg«. Uns erwartet ein 54 Meter hoher Anstieg in leichten Serpentinen bis zum »Gipfel«. Wir wandern weiter geradeaus und an der nächsten Kreuzung folgen wir links dem blauen Wegweiser »Mümmelkensee«. Die weiteren Richtungsänderungen sind sehr gut zu sehen und nach knapp zwei Kilometern stehen wir an dem kleinen Gewässer im gleichnamigen Naturschutzgebiet. An zwei Schutzhütten vorbei geht es durch den durchgängigen Laubwald ein wenig bergab. An der zweiten Schutzhütte gehen wir links, um nach weiteren 500 Metern wieder auf unseren Startpunkt hinter dem Stellplatz zu sein. Die Rundwanderweg »Langer Berg«, hat eine Länge von etwa fünf Kilometern und ist in 1,5 bis 2 Stunden bequem zu schaffen. Der leichte Weg ist auch für Kinder geeignet.

13

NEPPERMIN UND WASSERSCHLOSS MELLENTHIN

Bevor es nach Heringsdorf geht, machen wir einen Abstecher zum Fischpalast nach Neppermin. Ein Stück geht es die B 111 zurück und dann links Richtung Landzunge zwischen Peenestrom und Achterwasser. Nach fünf Kilometern gelangen wir in den kleinen Ort Neppermin. Schon aus etwas Entfernung sieht man das Holzgebäude mit dem blauen Anstrich und dem Wort »Fischpalast« in großen Lettern. Die Parkplätze sind gut belegt, aber wir kommen noch unter. Die Auswahl an frischem Fisch ist riesig. Zum Mitnehmen gibt es neben dem frischen Fisch auch Räucherfisch. Mit Blick auf das Wasser genießen wir auf der Terrasse eine Fischsuppe und die berühmten Fish and Chips. Der wunderschöne Garten und der Ausblick laden zum Verweilen ein. Das Beste ist: Auf dem Nachbargrundstück entdecken wir einen privaten Stellplatz für drei Wohnmobile, ebenfalls direkt am Wasser.

WASSERSCHLOSS MELLENTHIN

Im »Fischpalast« bekamen wir eine Flasche Mellenthiner Hell serviert. Auf meine Frage nach der Herkunft wurde uns mitgeteilt, dass es nur wenige Kilometer von hier gebraut wird. Damit steht das nächste Ziel natürlich fest. Auf der Brücke empfängt uns der Zollwächter, um den Brückenzoll einzutreiben.

Insidertipp – der »Fischpalast« in Neppermin

13

DAS WASSERSCHLOSS MELLENTHIN wurde zwischen 1575 und 1580 im Auftrag von Rüdiger von Neuenkirchen erbaut. Baumeister war angeblich Antonio Wilhelmi. Der Überrest eines Vorgängerbaus befindet sich abseits davon im Gutspark. Nach dem Aussterben der Familie von Neuenkirchen 1641 kam das Gut im Lauf der Geschichte in wechselnde Hände. Nach dem Zweiten Weltkrieg wurden die Besitzer enteignet und der Gebäudekomplex wurde von der Gemeinde genutzt, die hier unter anderem Wohnungen, einen Kindergarten und ein Heimatmuseum einrichtete. Im Schloss wurde eine Gastronomie betrieben. Nach der deutschen Wiedervereinigung mussten zunächst alle Besitzverhältnisse geklärt werden, ehe sich die Familie Fidora im Jahr 2001 der maroden Gebäude annahm und Stück für Stück Mellenthin zu dem machte, was es heute ist. Inzwischen gibt es hier ein Hotel und seit 2011 auch die Brauerei. Es gibt noch viel zu tun, aber die Eigentümer haben es geschafft, neues Leben in die alten Gemäuer zu bringen. Bei einem Rundgang durch den kleinen Park kann man gut die Ausmaße der Gutsanlage einschätzen.

HERINGSDORF

Auf kleinen Seitenstraßen gelangen wir zurück nach Heringsdorf. Das Mobilcamp in der Triftstraße wurde 2007 eröffnet und beherbergt auch Caravans. Preise und Ausstattung gleichen eigentlich einem Campingplatz. Zu Fuß sind es fünf Minuten zum Strand, ebenso zur nächsten Einkaufsmöglichkeit. Der Platz ist bei unserer Ankunft leider völlig ausgebucht, und das nahezu bis zum Ende der Sommerferien. Wir parken daher am Ortsende auf dem Busparkplatz des neuen Bahnhofs und erreichen von hier in zehn Minuten zu Fuß die Seebrücke.
Mit 508 Metern ist die Seebrücke Heringsdorf die längste bewirtschaftete Seebrücke Europas. Der Bau wurde 1995 eröffnet, die ursprüngliche Kaiser-Wilhelm-Brücke war 1953 und 1958 durch Brandstiftung vernichtet worden. Das aufgesetzte Landgebäude beherbergt eine Reihe von Geschäften, eine Pizzeria und im Obergeschoss mehrere Appartements. Über einen durch eine Glaswand vor Regen und Sturm geschützten Steg gelangt der

Prunkstück – die Seebrücke Heringsdorf

Besucher zum pyramidenförmigen, nachts illuminierten Brückengebäude, in dem zwei Restaurants Platz gefunden haben. Beim Spaziergang vorbei an den Prunkbauten wird spürbar, was für die Berliner High Society des ausgehenden 19. und beginnenden 20. Jahrhunderts als schick galt. Adel

13

und Geldadel, Künstler wie Lyonel Feininger, Musiker wie Johann Strauß oder Schriftsteller wie Maxim Gorki, Theodor Fontane, Leo Tolstoi oder Thomas Mann zog das mondäne Kaiserbad allsommerlich in seinen Bann. Selbst Kaiser Wilhelm II. kam gern auf einen Tee in Heringsdorf vorbei. Als »Badewanne der Berliner« beschrieb Heinrich Mann das Seebad in den 1930er-Jahren. Und auch er war nur zu gern Gast hier. Nach der Wende begann 1991 die Sanierung des Ortskernes. Am 1. Januar 2005 schlossen sich die drei Orte Ahlbeck, Heringsdorf und Bansin zu den »Dreikaiserbädern« zusammen.

Von Heringsdorf aus haben Sie die Gelegenheit, einen Ausflug hinter die polnische Grenze nach **Swinemünde** zu unternehmen. Die ersten Meter führen leider nur entlang des Grenzmarktes, der aus Hunderten von Buden fliegender Händler besteht, an denen vor allen Dingen Zigaretten, Alkohol und Sportbekleidung aller Marken angeboten werden. Bei der Preisgestaltung dieser Waren kann sich jeder selbst überlegen, welcher Herkunft diese Artikel wohl sind. Das moderne Swinemünde ist architektonisch im 70er-Jahre-Stil erbaut und zum Teil sehr heruntergekommen. Lediglich der Teil zur Strandpromenade ist sehr schön saniert und verweist auf die mondäne Vergangenheit des Badeortes.

Aus alt mach neu – Domkes Fischpavillon

Impression vom wunderschönen Ostseeradweg

NAHEZU ENTLANG DER GESAMTEN Ostseeküste der Insel Usedom zieht sich der wohl schönste Radweg von Peenemünde bis in die westpolnische Hafenstadt Swinemünde (Świnoujście). Der Streckelsberg bei Koserow, Pageluns Berge bei Ückeritz und der Lange Berg bei Bansin bieten ein für den ungeübten Radfahrer anspruchsvolles Programm von Steigungen und Gefällen. Der Radweg ist sehr gut ausgebaut und enthält eine ganze Reihe von spektakulären Aussichten über die Ostsee. Der stete Wechsel von Steil- und Flachküste und die verschiedenartige Küstenvegetation tragen ebenso zu einer eindrucksvollen Radtour bei wie die vielen atemberaubenden Ausblicke über die Weite der Ostsee. Der Küstenradweg führt zunächst von Peenemünde in das Ostseebad Karlshagen. Von dort aus zieht sich der Radweg immer an der Ostseeküste entlang. Es geht über Trassenheide, Zinnowitz, Zempin, Koserow, Loddin, Ückeritz über den Langen Berg in die Kaiserbäder. Die Strandpromenaden der Ostseebäder bieten dem Radfahrer immer wieder Gelegenheit zum Ausruhen und Rasten. Vom östlichen Rand Ahlbecks führt der Radweg in die polnische Hafenstadt Swinemünde (Świnoujście). In jedem Ort hat man die Gelegenheit, den 50 Kilometer langen Weg abzubrechen und auf die Usedomer Bäderbahn umzusteigen, die Fahrräder gegen Gebühr befördert.

AUF EINEN BLICK

Info

STADT/REGION: Insel Usedom, Mecklenburg-Vorpommern
BESTE REISEZEIT: April bis Ende Oktober
OPTIMALE REISEDAUER: 2–3 Tage
TOURISTINFO: Touristeninformation Karlshagen, Hauptstraße 4, 17449 Ostseebad Karlshagen, Tel. 038371/554 90, www.karlshagen.de; Touristeninformation Usedom, Markt 7, 17406 Usedom, Tel. 038372/708 90, www.insel-usedom.net
KARTE: Kümmerly + Frey 1:275 000, Karte 2 Deutsche Ostseeküste

SEHENSWÜRDIGKEITEN

HISTORISCH-TECHNISCHES MUSEUM PEENEMÜNDE: Im Kraftwerk, 17449 Peenemünde, Tel. 038371/50 50
ATELIER OTTO NIEMEYER-HOLSTEIN: Lüttenort, 17459 Ostseebad Koserow, Tel. 038375/202 13, www.atelier-otto-niemeyer-holstein.de
KAISERBÄDER: www.kaiserbaeder-auf-usedom.de
WASSERSCHLOSS MELLENTHIN: Schlossallee 5, 17429 Mellenthin, Tel. 038379/287 80, www.wasserschloss-mellenthin.de
SEEBRÜCKE HERINGSDORF: 17424 Heringsdorf, www.heringsdorf.m-vp.de

Der ehemalige russische Militärflugplatz Peenemünde

▲ Privater Stellplatz in Neppermin ▼ Stellplatz am Camping Karlshagen

CAMPINGPLATZ DÜNENCAMP

ADRESSE: Zeltplatzstraße, 17449 Ostseebad Karlshagen,
Tel. 038371/202 91, www.karlshagen.de/duenencamp
GPS: N 54°7'15.6", E 13°50'29"
Der Name ist Programm: Naturbelassenes, teils tiefsandiges, langgestrecktes und schmales Dünengelände im lichten Kiefernwald, 5-Sterne-Camping, ganzjährig geöffnet

WOHNMOBILSTELLPLATZ LÜTOW

ADRESSE: Yachthafen Achterwasser, Kirchstraße 5, 17440 Lütow,
Tel.038377/405 75, www.yachtlieger-achterwasser.de
GPS: N 54°01'38", E 13°54'29"
Sehr schöner, ruhiger Stellplatz für 20 Wohnmobile im Privathafen auf der Halbinsel Gnitz. Sanitäranlagen und Strom, Ver- und Entsorgung, Restaurantschiff mit warmer Küche bis 22 Uhr, Brötchenservice, Fahrrad- und Pkw-Verleih, ganzjährig nutzbar

AUF EINEN BLICK

WOHNMOBILSTELLPLATZ KOSEROW

ADRESSE: Imbiss Autokino Usedom, Alte B 111 Nr.1, 17459 Koserow, Tel. 038375/241 04, www.imbiss-autokino-usedom.de

GPS: N 54°03‘47“, E 13°58‘57“

Stellplatz für 25 Wohnmobile, € 7-14 je nach Saison, Erwachsene € 3, Kinder € 1,50, Strom € 3, inkl. Ver- und Entsorgung. Uriger Platz auf Wiese im Halbkreis vor der Autokino-Leinwand. Strom, Dusche und WC, Ver-/Entsorgung, WLAN ganzjährig nutzbar, Imbiss von März bis Oktober, Kinovorführungen von Juni bis Oktober, Hunde willkommen, zum breiten Strand geht es über die Straße

◀ Wellenbrecher am Strand ▲ Außergewöhnlich – Wohnmobilstellplatz mit Autokino ▼ Nicht zu verpassen, die Einfahrt ins Autokino

▲ Naturcamping Stagnieß ▼ Im Wald von Bansin

NATURCAMPING HAFEN STAGNIESS

ADRESSE: Hafenstraße, 17459 Ückeritz, Tel. 038375/204 23, www.camping-surfen-usedom.de

GPS: N 54°00'07", E 14°02'46"

Der Platz hat ca. 200 Plätze, davon 50 für Wohnmobile auf drei Ebenen, großzügig und nicht parzelliert, sehr ruhig. Der Imbiss ist reichhaltig sortiert. Sanitäranlage mit Waschmaschine und Trockner ist vorhanden.

WOHNMOBILSTELLPLATZ WALDPARKPLATZ BANSIN

ADRESSE: Am Heuberg 1, 17429 Heringsdorf, Tel. 038378/292 48, www.waldparkplatz-bansin.de

GPS: N 53°59'18", E 14°06'46"

Gebührenpflichtiger Stellplatz für 80 Wohnmobile. Eingezäuntes, parzelliertes Gelände mitten im Wald, ebener Sand- und Wiesenuntergrund, Sanitäranlage und Kiosk am Platz, 350 m bis zum Strand, Stromanschluss, Frischwasser, Entsorgung, WC, Duschen vorhanden, Hunde erlaubt

HOLSTEINISCHE SCHWEIZ

Wenn Sie noch Zeit haben …

Reinste Idylle: Der große Eutiner See in den frühen Abendstunden

14

Sicherlich nicht unmittelbar an der Ostsee zu finden, aber immer einen Abstecher ins Landesinnere wert, ist der größte Naturpark Schleswig-Holsteins, die Holsteinische Schweiz mit ihren 200 Seen.

Mischwälder, Hügelketten sowie saftige Wiesen prägen die wunderbare Naturlandschaft zwischen Kiel und Lübeck. Städtchen wie Preetz, Plön, Malente und Eutin warten nur darauf erkundet zu werden. Dazu gesellen sich eine Vielzahl an Stell- und Campingplätzen auf denen man eine ruhige Nacht oder ein ganzes Wochenende verbringen kann. Ein guter Ausgangspunkt ist der Ort Schöneberg 15 km südlich von den Stränden Brasilien und Kalifornien aus Kapitel 3.

DIE KULTURLANDSCHAFT

In der letzten Eiszeit entstanden, erstreckt sich diese geografisch nicht genau einzugrenzende Kulturlandschaft bis an die Grenzen der Ostsee und gehört zu den wichtigsten Tourismusregionen Norddeutschlands. Der Name »Holsteinische Schweiz« geht auf das 19. Jahrhundert zurück, in dem vor allem Reisen in die Schweiz beliebt waren, weshalb sich die Region diesen attraktiven Zusatz gab. Am 20. Mai 1895 eröffnete Johannes Janus am Kellersee in Malente das Hotel »Holsteinische Schweiz«, welches sich großer Beliebtheit erfreute. Der Name des Hotels wurde zunächst auf den Bahnhof und später auch auf die gesamte Region übertragen.
Der Reiz dieser besonderen Region liegt in ihrer vielseitigen und malerischen Landschaft. Kleinere Waldgebiete wechseln mit gegliederten Ackerflächen ab, dann wieder bestimmen niedrige Hügel das Bild, zwischen denen sich eine Vielzahl von Seen befindet. Zu ihnen gehören unter anderem der Große Plöner See, der Dieksee oder der Kellersee. Höchster Punkt der Holsteinischen Schweiz ist der immerhin 168 Meter hohe Bungsberg bei Schönwalde.

PLÖN UND SEINE SEEN

Südlich von Schöneberg erreichen wir Preetz und befinden uns damit in der Holsteinischen Schweiz. Das hübsche Preetz, unter anderem bekannt durch seine Holzschuhmacher-Tradition, sollte man sich auf keinen Fall entgehen lassen. Wer hier einen Abend verbringen möchte, dem empfiehlt sich der kleine Campingplatz am See. Dieser gehört zum angrenzenden

Kanu Club. Die Zufahrt sieht etwas eng und steil aus, lässt sich aber auch mit größeren Wohnmobilen meistern. Kleiner Tipp: Wer sich nicht sicher fühlt, sollte kurz aussteigen und die Strecke zu Fuß abgehen und in Augenschein nehmen. Das gilt eigentlich für jede gleichartige Situation im Leben eines Campers!

Von Preetz aus legt man lediglich 15 Kilometer auf der Bundestraße zurück, um zu unserer nächsten Station zu kommen: Plön. Die Kreisstadt liegt direkt am größten Binnensee Schleswig-Holsteins, dem Großen Plöner See, und ist eingebettet in die hügelige Seenlandschaft der Holsteinischen Schweiz. Nur 7,8 Quadratkilometer des Stadtgebietes sind Landfläche. Der Rest des Stadtterritoriums verteilt sich auf elf Seen, die vollständig zu Plön gehören. Unbekanntere sind der Behler See, Edebergsee, Höftsee sowie der Große und Kleine Madebrökensee. An fünf weiteren, unter anderem dem Großen und Kleinen Plöner See sowie Trammer hat es einen Anteil. Wahrzeichen der Stadt ist das im 17. Jahrhundert erbaute Schloss, welches ein Gymnasium mit 300-jähriger Geschichte besitzt. Zudem beherbergt es die Unteroffizierschule der Marine und ist Sitz des Max-Planck-Instituts für Evolutionsbiologie. Es lohnt sich ein abendlicher Spaziergang durch die reizvolle Altstadt mit ihren zahlreichen Seitengassen. Diese haben eines gemeinsam: Nahezu alle führen bergauf zum Schloss und die lieblichen Häuser sind Heimat schöner Gastwirtschaften. Oben angekommen sollte der Weg unterbrochen werden, denn vom Restaurant »Pförtnerhaus« genießt man einen großartigen Blick, sowohl auf den Palast als auch auf den im Tal liegenden See.

Lediglich der wenig einladende Stellplatz direkt an der Straße nach Ascheberg trübt den Blick des Wohnmobilisten ein wenig. Der Parkplatz mit dem kleinen Imbiss ist vor allem in den Sommermonaten ein beliebter Treffpunkt für Motorradfahrer und daher bis in die Dunkelheit sehr laut. Deshalb empfehlen wir den Tag stilvoll an den Campingplätzen Spitzenort oder Gut Ruhleben ausklingen zu lassen. Für Letzteren haben wir uns entschieden. Er liegt Richtung Eutin nach der Ausfahrt aus Plön rechts wie auf einer kleinen Halbinsel. Seine ruhige Naturlage und der Blick über den See bis zum Schloss sind sehr beeindruckend. Er ist mehr als 12 Hektar groß und unterteilt in verschiedene Bereiche. Ein großer Kinderspielplatz, ein Bolzplatz, eine Auslauffläche für Hunde, ein Bootshafen mit Slipanlage

Blick auf Plön und und sein Wahrzeichen, das Ploener Schloss

und ein Badestrand komplettieren das Urlaubsvergnügen. Fast überflüssig bleibt zu erwähnen, dass die Freunde des Angelsports ebenfalls herzlich willkommen sind.

WEINGUT INGENHOF Eine romantische Route führt oberhalb von Malente in das kleine Dorf Malkwitz. Über einer wunderschönen Hofeinfahrt hängt ein großes Schild »Herzlich willkommen am Weingut Ingenhof«. Genauso ist das auch gemeint, also unbedingt den Blinker setzen und einfahren! Die erste Hoffläche links lädt selbst große Wohnmobile zum Parken ein. An der Seite findet man übrigens zwei Stellplätze mit einem Blick in die friedvolle Landschaft. Der Ingenhof rühmt sich, den nördlichsten Weinberg Deutschlands sein Eigen zu nennen. Der eigene Obstanbau komplettiert das Angebot: Weinbergführung, Hofladen mit eigenen Produkten, Feldcafé, Spielplatz für Kinder und dazu noch einige Streicheltiere – Herz, was willst du mehr! Die Auswahl der Rebsorten ist optimal auf die norddeutschen klimatischen Bedingungen abgestimmt und selbstverständlich kann man auch eine Flasche (oder mehr) für den Heimweg käuflich erwerben. Info: Weingut Ingenhof, Dorfstr. 19, 23714 Malente, Tel. 04523-202159, www.ingenhof.de

Paradewetter am Kellersee in Malente

DER GEIST VON MALENTE

Der Geist von **Malente** schwebt nun wirklich nicht zu nächtlicher Stunde durch die kleinen Gassen der Altstadt, denn geboren wurde er 1974 vor der Fußballweltmeisterschaft, als die glorreiche Mannschaft um Franz Beckenbauer von Helmut Schön zur bekannten Weltmeisterelf geformt wurde. Fortan trafen sich unsere Nationalkicker immer an diesem Ort, bevor es zu einer WM ging. Trotz Modernisierung und Umbenennung in die »Uwe Seeler Sportschule« reicht der Standard für die Ballkünstler der heutigen Zeit nicht mehr! Alternativ lässt sich die bezaubernde Landschaft auch vom Rücken der Pferde aus entdecken und das bis heute vom schönen Gut Immenhof, das Jahrzehnte als Kulisse für beliebte Heimatfilme diente. Genau auf dem Landrücken zwischen Kellersee und Dieksee gelegen erhielt der Ort 1955 durch seine salzhaltigen Quellen den Status eines Kurortes, 1996 den Namen **Bad Malente-Gremsmühlen**. Wie der Doppelname es bereits vermuten lässt, setzt sich der Ort aus den beiden Gemeinden Malente und Gremsmühlen zusammen. Erstmalig im Jahre 1215 erwähnt, war Malente bis Mitte des 19. Jahrhunderts eher unbedeutend. Gremsmühlen hingegen erlangte mit seiner Mühlenanlage bereits frühzeitig Bedeutung als Ausflugsort. Im Jahr 1866 wurden beide Orte durch den Bau der Eisenbahnlinie erschlossen und vereinigten sich später.

Besonders Fahrradfahren, Wandern und Wassersport sind hier beliebte Freizeitbeschäftigungen. Wohnmobilisten kommen am zentrumsnahen Campingplatz an der Schwentine in schöner Naturlage bestens unter. Auch an Kinder ist allerorts gedacht. Besonders zu erwähnen ist die interessante Fußgängerrallye, die man kostenfrei an der Tourismusinformation erhält, oder auf der Homepage downloaden kann. Ebenfalls erhält man dort

Information zur Wanderung durch die Malenter Au, deren Zustand von Naturschützern in den historischen Zustand von 1790 zurückversetzt wurde. Der Wasserstand wurde wieder angehoben, Teichwiesen und Seen wieder hergestellt und die Streuobstwiesen sind von Obstbäumen bewachsen!

LETZTE STATION EUTIN

Über Sielbeck am Krummensee und das Fährhaus von Fissan erreichen wir das letzte Ziel unserer Tour in die Holsteinische Schweiz: Eutin.
Die Stadt gehört zum Kreis Ostholstein, hat ca. 16.000 Einwohner und liegt am Ufer des Großen Eutiner Sees. Das Stadtbild ist geprägt von historischen Fachwerkhäusern, kleinen Gassen und gemütlichen Geschäften, Ateliers und Cafés. Aufgrund der reichen Geschichte Eutins und seiner Lage inmitten des Naturparks Holsteinische Schweiz bietet sie sowohl Kultur- als auch Naturliebhabern ein ideales, abwechslungsreiches Ausflugsziel. Der Komponist Carl Maria von Weber ist der wohl berühmteste Sohn der Stadt. Ihm zu Ehren werden alljährlich die renommierten Eutiner Festspiele auf der Naturbühne am Großen Eutiner See veranstaltet. Auch Johann Heinrich Tischbein verbrachte als Hofmaler seine letzten 20 Lebensjahre in Eutin. Neben dem historischen Stadtkern gehört das barocke Residenzschloss mit seinem weitläufigen englischen Landschaftsgarten zu den wohl am meisten besuchten Sehenswürdigkeiten. Eine Dauerausstellung im Schloss gibt Einblicke in die damaligen Wohnverhältnisse der Herzöge von Oldenburg. Der ehemalige Marstall beherbergt heute das Ostholsteinmuseum mit einer Ausstellung zur Stadtgeschichte.

◀ Gut Immenhof – bekannt durch die beliebten Filme ▶ Das Eutiner Schloss

AUF EINEN BLICK

Info

REGION: Ostholstein, Holsteinische Schweiz
BESTE REISEZEIT: April–Oktober, Stellplätze ganzjährig geöffnet
OPTIMALE REISEDAUER: 2–4 Tage
TOURISTENINFORMATIONEN:
Tourismus Info Plön, Bahnhofstraße 5, 24306 Plön, Tel. 04522/50 950, www.holsteinischeschweiz.de
Tourismus Info Eutin, Markt 19, 23701 Eutin, Tel. 04521/70 970, www.holsteinischeschweiz.de
Tourismus Info Malente, Bahnhofstr. 3, 23714 Bad Malente, Tel. 04523/984 23 70, www.malente.de

SEHENSWÜRDIGKEITEN

OSTHOLSTEINMUSEUM: Schloßplatz 1, 23701 Eutin, 04521/788 520, www.museum.kreis-oh.de
WEINGUT INGENHOF: Dorfstr. 19, 23714 Malente, Tel. 04523/20 21 59, www.ingenhof.de
PRINZENHAUS PLÖN: Schlossgebiet 10, 24306 Plön, Tel 04522/50 27 30, www.prinzenhausploen.de

Das Prinzenhaus in Plön ist Teil des Plöner Schlosses.

◀ Campingpark Gut Ruhleben ▶ Stellplatz in Plön

GASTRONOMIE-TIPP: Brauhaus Eutin, Markt 11, 23701 Eutin, Tel. 04521/76 67 77, www.brauhaus-eutin.de
Zentral am Marktplatz gelegen bekommt man holsteinische Küche zu einem guten Preis- Leistungs-Verhältnis serviert. Besonders zu empfehlen ist natürlich das hauseigene Eutiner Tafelbier.

CAMPINGPLATZ UND WOHNMOBILSTELLPLATZ KANU CLUB PREETZ

ADRESSE: Kahlbrook 25, 24211 Preetz, Tel. 04342/30 95 49, www.kanucenter-ploen.de
GPS: N 54°13'43.6", E 10°17'9.6"
Kleiner familiengeführter Campingplatz mit Kanuverleih, Hunde erlaubt und ganzjährig geöffnet.

CAMPINGPARK GUT RUHLEBEN

ADRESSE: Missionsweg 2, 24306 Bösdorf, Tel. 04522/83 47, www.camp-ruhleben.de
GPS: N 54°8'39.9", E 10°26'57"
Vor der Schranke gibt es auch Stellplätze für durchreisende Wohnmobile. Es gibt hier einen tollen Kinderspielplatz, Kanuverleih und Restaurant. Zudem sind Hunde erlaubt. Die Stellflächen sind großzügig angelegt und mit Seeblick!

REISEMOBILPARK EUTINER SEE

ADRESSE: Oldenburger Landstr. 21, 23701 Eutin, Tel. 04521/70 970, https://reisemobilpark-eutin.de
GPS: N 54°8'0.6", E 10°37'45.6"
24 Stellplätze, das Zentrum von Eutin ist fußläufig zu erreichen, in schöner grüner Lage. Auch Duschen sind gegen eine Gebühr verfügbar, Hunde sind erlaubt.

ORTS- UND SACHREGISTER

Aalkate Lemkenhafen 52, 54
Achterwasser 141
Ahlbeck 145
Ahrenshoop 76, 84
Altenteil 49
Anklam 137
Arnis 33, 38
Atelier Otto Niemeyer-Holstein 154

Bäderarchitektur 13
Bannemin 137
Bansin 145
Barhöft 98
Barth 98
Bernsteinsee 78
Bernsteinstadt 77
Binz 129
Boddenkieker 100
Boltenhagen 60, 62
Brasilien 42
Bülker Leuchtturm 36, 38, 41, 46
Burg 49

Camp.Park Juliusruh 121
Camp.Park Gut Ruhleben 165
Camp.Pl. am Freesenbruch 92, 95
Camp.Pl. an den Stranddünen 87
Camp.Pl. Dünencamp 155
Camp.Pl. Fehmarnbelt 50
Camp.Pl Kanu Club Preetz 165
Camp.Pl. Langballigau 23
Camp.Pl. Leuchtturm 75
Camp.Pl. Möltenort Kiel 47
Camp.Pl. Ostseeblick 138
Camp.Pl. Regenbogen Camp 84
Camp.Pl. Regenbogen Prerow 95
Camp.Pl. Thiessow 131
CaravanStellpl. an der Rügenbrücke 96, 113
Dabitz 101
Darßer Ort 89
Dierhagen 80

Eckernförde 34
Eckernförder Bucht 34
Eisenbahn & Technik Museum Rügen 129, 134
Eutin 163
Experimentarium Zingst 92, 94

Fauler See 72, 74
Fehmarn 48
Festungsanlage Kirchdorf 69, 74
Fischland-Darß-Zingst 88
Fischpalast 149
FKK 91
Flensburg 21
Flensburger Förde 20
Forellenhof Poel 70

Gerhart-Hauptmann-Haus 122
Gingst 115
Glücksburger Schloss 22, 30
Gnitz 139
Göhren 128
Graal-Müritz 76, 79
Greifswald 117
Groß Strömkendorf 69

Hafen Burgstaaken 49
Hafen Stagnieß 144
Halbinsel Gnitz 139
Halbinsel Holnis 22
Halbinsel Jasmund 121, 125
Halbinsel Mönchgut 131, 133
Heringsdorf 150
Hiddensee 115, 117
Hofanlage Kaltenhof 73
Hohenau 26
Holnis 22

Jaromarsburg 119
Jasmund 121, 125

Kaiserbäder 145, 154
Kalifornien 42
Kaltenhof 73
Kap Arkona 118, 122
Kappeln an der Schlei 32
Karlshagen 138, 153
Kiel 41
Kieler Förde 36
Kirchdorf 69, 74
Klein Zicker 131
Klima 17
Kloster 117
Klützer Winkel 61
Kogge Wissemara 68, 74
Konditorei Heldt 36, 38
Königsstuhl 125, 134
Koserow 142
Kreidefelsen 125
Künstlerkolonie Ahrenshoop 84, 86
Kurpark Boltenhagen 60, 62
Küstrow 101

Laboe 41
Langballigau 24
Langer Berg 148
Lemkenhafen 52
Leuchtturm Bülk 36, 38, 41, 46
Leuchtturm Markelsdorfer Huk 50
Lübecker Bucht 57
Lütow 141
Lüttenort 143

Malente 162
Marinepeilturm 119
Markgrafenheide 77
Mecklenburg-Vorpommern 11
Mellenthin 150
Middelhagen 132
Mönchgut 131, 133
Mühle Fortuna 27, 30
Mühlenweg 28

NABU Wasservogelreservat Wallnau 51, 54
Nationalpark Jasmund 125, 134

Naturcamping Hafen Stagnieß 157
Naturcamping Ückeritz 144
Natureum Darßer Ort 89, 94
Naturpark Vorpommersche Boddenlandschaft 89, 102, 117
Naturschutzgebiet Fauler See - Rustwerder 74
Naturschutzgebiet Ribnitzer Großes Moor 77, 86
Niendorf 70

Olympiahafen Schilksee 44
Ostseeküstenradweg 143
Ozeaneum Stralsund 112

Peenemünde 137, 153
phanTechnikum 66, 74
Poel 64, 69
Poeler Kogge Wissemara 68, 74
Plön 160
Preetz 159
Prerow 89
Priwall 57
Putgarten 120

RADzFatz 130
Rasender Roland 130, 134
Recknitz 77
Reisemob.Park Eutiner See 165
Reisezeit 17
Ribnitz-Damgarten 77
Rubitz 101
Rügen 114, 124
Rügendamm 109
Rustwerder 71

Sassnitz 127
Schaabe 126
Schifffahrtsmuseum 58
Schilksee 44
Schinkelturm 118
Schleibrücke 33
Schleswig-Holstein 7
Schloss Glücksburg 22, 30
Schmale Heide 128
Schwedeneck 37
Seebrücke Heringsdorf 150, 154
Sellin 129
Stagnieß 144
Stohl 44
Stralsund 106
Stubbenkammer 125
Swinemünde 153

Technisches Museum Laboe 46
Tierpark Wismar 66, 74
Timmendorf 68
Timmendorf-Strand 70
Travemünde 56
Trent 115

U 995 41
Unewatt 26
Usedom 136

Viermastbark Passat 59, 62
Vineta-Museum 99, 104

Wallnau 51
Wasserschloss Mellenthin 150, 154
Wassersport 18
Wasservogelreservat Wallnau 51, 54
Wiek-Glewitzer Fähre 116
Wilk 41
Wismar 64
Wohlenberg 61
WoMoPark Westhafen Wismar 75
WoMoStellpl. am Forellenhof Niendorf 75
WoMoStellpl. am Kommunalhafen 54
WoMoStellpl. Brasilien 47
WoMoStellpl. Bülker Leuchtturm 46

CAMPING- UND STELLPLÄTZE

WoMoStellpl. Camping Fehmarnbelt 50, 55
WoMoStellpl. Eckernförde 39
WoMoStellpl. Flensburg 31
WoMoStellpl. Hafen Barhöft 105
WoMoStellpl. Hafen Gager 135
WoMoStellpl. Kap Arkona 123
WoMoStellpl. Kappeln 38
WoMoStellpl. Koserow 156
WoMoStellpl. Langballigau 31
WoMoStellpl. Lauterbach 135
WoMoStellpl. Lütow 155
WoMoStellpl. Segelverein Barth 104
WoMoStellpl. Sellin 134
WoMoStellpl. Stralsund 112
WoMoStellpl. Surfcenter Wustrow 87
WoMoStellpl. Travemünder Landstraße 62
WoMoStellpl. Waldparkplatz Bansin 157
WoMoStellpl. Walkyrien in Bliesdorf 63

IMPRESSUM

Verantwortlich: Kerstin Thiele
Lektorat: Christian Schneider,
Maren Langendorff
Layout- und Umschlaggestaltung:
Helene Schumacher
Satz: Silke Schüler
Repro: LUDWIG:media
Kartografie: Huber Kartografie
Herstellung: Anna Katavic,
Stephanie Schlemmer
Printed in Slovenia by Florjancic

Unser komplettes Programm finden
Sie unter www.bruckmann.de

★★★★★

Sind Sie mit diesem Titel zufrieden? Dann würden wir uns über Ihre Weiterempfehlung freuen. Erzählen Sie es im Freundeskreis, berichten Sie Ihrem Buchhändler, oder bewerten Sie beim Onlinekauf. Und wenn Sie Kritik, Korrekturen, Aktualisierungen haben, freuen wir uns über Ihre Nachricht an Bruckmann Verlag, Postfach 40 02 09, D-80702 München oder per E-Mail an lektorat@verlagshaus.de.

In diesem Buch wird aus Gründen der besseren Lesbarkeit das generische Maskulinum verwendet. Weibliche und anderweitige Geschlechteridentitäten werden dabei ausdrücklich mitgemeint, soweit es für die Aussage erforderlich ist.

Bildnachweis: Alle Bilder im Innenteil und auf der Umschlagrückseite stammen vom Autor, außer: Shutterstock: S. 27 (S. Höhner); 48 (ksl); 53 (Oliver Förstner); 58 (HNDideen); 59 o. (Andreas Vogel); 63 (katatonia82); 64 (Henner Damke); 91 r.u. (UbjsP); 132 r.u. (footageclips); 140 r.u. (travelview); 153 (Ina Meer Sommer); 162 (Gabriele Rohde); Illustrationen (Tiwat K: passim); Look photos: S. 158 (Lubenow, Sabine); 161 (Wernicke, Lukas); 163 l. (Haug, Arnt); Andere: S. 165 r. (Campingpark Gut Ruhleben).

Umschlagvorderseite: Shutterstock/Ivonne Wierink
Umschlagrückseite: Wohnmobilstellplatz Walkyrien in Bliesdorf

Die Deutsche Nationalbibliothek verzeichnet diese Publikation in der Deutschen Nationalbibliografie; detaillierte bibliografische Daten sind im Internet über http://dnb.d-nb.de abrufbar.

3. aktualisierte Neuauflage

ISBN 978-3-7343-1685-2